职业教育物流服务与管理专业课程改革创新教材

快递业务操作

王铁牛 编

机械工业出版社

本书的主要内容包括同城快递、国内异地快递、国际快递和香港件快递四部分，按照国家快递业务员职业标准，紧密结合快递企业实际，从派送段、营业网点、分拨中心等角度详细说明了快递业务操作的步骤、内容和注意事项。全书采用国家标准术语和快递企业操作标准，像跟随快递企业工作人员的"导游"一样对快递操作过程娓娓道来，有核心，有内容，有练习，有考核。

本书适用于中职、高职院校物流快递类专业快递类课程，也适用于快递企业培训新员工，同时适用于有意向到快递企业工作的求职人员。

图书在版编目（CIP）数据

快递业务操作/王铁牛编．—北京：机械工业出版社，2018.7（2025.8重印）

职业教育物流服务与管理专业课程改革创新教材

ISBN 978-7-111-60559-1

Ⅰ．①快… Ⅱ．①王… Ⅲ．①快递—邮政业务—中国—职业教育—教材 Ⅳ．①F632

中国版本图书馆CIP数据核字（2018）第168318号

机械工业出版社（北京市百万庄大街22号 邮政编码100037）

策划编辑：聂志磊　　责任编辑：聂志磊

责任校对：朱炳妍　　封面设计：路恩中

责任印制：常天培

河北虎彩印刷有限公司印刷

2025年8月第1版第4次印刷

184mm×260mm・8.5印张・182千字

标准书号：ISBN 978-7-111-60559-1

定价：29.80元

电话服务　　　　　　　　　网络服务

客服电话：010-88361066　　机 工 官 网：www.cmpbook.com
　　　　　010-88379833　　机 工 官 博：weibo.com/cmp1952
　　　　　010-68326294　　金 书 网：www.golden-book.com

封底无防伪标均为盗版　机工教育服务网：www.cmpedu.com

FOREWORD 前言

进入 21 世纪，随着快递服务的便利性和时效性被大众广泛接受，我国快递行业保持着高速发展的态势。从 2008 年开始，电子商务 B2C 和 C2C 业务进入繁荣阶段，网上购物、跨境电子商务更是促进了快递业务的迅猛发展，为快递业务提供了更广阔的发展空间。本书以培养快递行业操作技能型人才为目的，系统性地介绍了快递业务操作流程及标准。

《快递业务操作》按项目式课程教材要求分为四个项目，分别是同城快递、国内异地快递、国际快递、香港件快递。每个项目以典型工作任务引导，采用说明方式使读者在阅读时体会快递业务操作过程，掌握快递业务操作标准，在做中学，在学中做，逐步完成典型工作任务，以达到培养快递操作人员岗位职业素养，提高快递业务操作技能的目的。

在此，我们向深圳技师学院项目式课程改革项目组的领导和专家给予的指导表达诚挚的谢意！

为方便教学，本书配备电子课件等教学资源。凡选用本书作为教材的教师均可登录机械工业出版社教育服务网（www.cmpedu.com）注册后免费下载。

在本书的编写过程中，参考了大量的文献资料和相关的网络资源，在此向这些文献作者表达诚挚的谢意。

由于水平有限，书中难免出现疏漏和不足之处，恳请广大读者批评指正。

编　者

CONTENTS 目录

- 前言
- 绪论 // 1
  - 0.1 快件与快递业务分类 // 2
  - 0.2 国内快递业务 // 9
  - 0.3 国际快递业务 // 16
- 项目 1 同城快递 // 21
  - 1.1 项目描述 // 21
  - 1.2 项目实施 // 24
  - 1.3 项目评价 // 53
  - 1.4 项目拓展 // 54
  - 思考与练习 // 54
- 项目 2 国内异地快递 // 56
  - 2.1 项目描述 // 56
  - 2.2 项目实施 // 57
  - 2.3 项目评价 // 79
  - 2.4 项目拓展 // 80
  - 思考与练习 // 82
- 项目 3 国际快递操作 // 83
  - 3.1 项目描述 // 83
  - 3.2 项目实施 // 84
  - 3.3 项目评价 // 98
  - 3.4 项目拓展 // 99
  - 思考与练习 // 103
- 项目 4 香港件操作 // 104
  - 4.1 项目描述 // 104
  - 4.2 项目实施 // 105
  - 4.3 项目评价 // 111
  - 4.4 项目拓展 // 112
  - 思考与练习 // 113
- 附录 // 114
  - 附录 A 禁限寄物品 // 114
  - 附录 B 国际航空组织禁寄物品常用标识 // 116
  - 附录 C 国际快件操作常用物品品名中英文对照表 // 118
  - 附录 D 部分国家和地区名称中英文对照表 // 122
  - 附录 E 主要国家二字代码表 // 124
  - 附录 F 国际主要机场三字代码 // 125
  - 附录 G 主要航空公司标志代码一览表 // 127
- 参考文献 // 130

一、快递行业发展现状

20世纪80年代,随着快递产业进入中国市场,中国快递企业迅速增加,业务范围不断扩大,覆盖地区不断延伸。在中国快递产业已走过的30多年当中,市场模块已基本形成,同时也产生了中国快递行业的国有快递企业、民营快递企业、合资快递企业和外资快递企业。随着我国快递产业的迅速发展,目前已经在我国东部地区形成部分快递圈。同时这些快递圈正在带动中部和西部地区的发展。部分大城市和特大城市已经成为区域性快递产业发展中心,而且全国范围内形成了以基本交通运输干线为基础的若干快运速递通道,使我国快递业得到继续快速扩展的空间,同时辐射中部和西部。

快递行业拓展服务领域,将服务范围向上游产业延伸,统筹协调快递基本业务与电子商务配送、供应链管理等新业务的发展,加速推进传统服务方式向现代服务方式的转变,充分发挥中国快递协会等行业组织的作用,研究电子商务快递中代收货款、签收方式、快件保险等问题,组织拟定相关服务规范。国家鼓励引导快递企业加快进入制造业供应链服务领域,承接电子商务配送服务,大力发展信息流、资金流、实物流"三流合一"业务,推进快递服务和电子商务融合发展,鼓励快递企业提供企业对个人(B2C)、个人对个人(C2C)、企业对企业(B2B)的配套快递配送服务。

境内电子商务与国内快递、跨境电子商务与国际快递相辅相成,互相促进,高速发展。

根据国家邮政局发布的《2017年邮政行业发展统计公报》,2017年快递服务企业业务量完成400.6亿件,同比增长28%;快递业务收入完成4957.1亿元,同比增长24.7%。快递业的发展对国家商贸流通和社会生产生活形成了有力的支撑。东、中、西部地区各项快递业务均保持了持续稳定的增长势头,其中西部地区快递业务量收占比均出现提升。民营快递企业市场份额进一步提升。全年民营快递企业业务量完成369.5亿件,实现业务收入4243.9亿元。民营快递企业业务量市场份额为92.2%,业务收入市场份额为85.6%。

我国人口基数大,网民数量多,需求的多层次、多样化,使我国快递业市场发展潜力巨大,高速发展态势还将继续。今后一段时间内,我国快递业面临的主要矛盾仍然是需求远远大于供给。

随着产业升级换代,电子商务迅猛发展,快递业务增长潜力巨大,行业发展前景极其广阔。

二、快递行业发展规划要求

随着国民经济平稳较快发展，电子商务蓬勃兴起，快递服务需求持续增长，快递服务的支撑作用愈加突出，综合交通运输体系不断优化，快递服务网络日益健全，科学技术应用更为广泛，快递服务能力不断增强。

国家邮政局发布的《快递业发展"十三五"规划》中指出，"十三五"期间快递业发展的基本思路是推进四个创新。一是推进管理创新。运用"互联网+"思维，创新企业管理模式，实施品牌化和差异化发展战略。持续推进简政放权，创新市场监管方式，提升行业现代治理能力。二是推进技术创新。加强云计算、大数据等共性关键技术的应用，通过信息化手段促进创新发展。三是推进产品创新。拓展增值服务，提升与创新与寄递服务配套的服务能力，厚植发展优势。四是推进模式创新。加强产业融合和互动发展，拓展协同发展空间，推动业务板块从"1+3"向"1+N"扩容转型。

《快递业发展"十三五"规划》指出了"十三五"期间快递业发展的主要任务。一是壮大市场主体，打造快递航母。做强骨干快递企业，带动中小企业集约发展。二是强化服务能力，加快普惠发展。提升分拣处理能力，强化运输保障能力，加强末端服务能力，均衡区域间服务能力。三是深化"互联网+"快递，推进创新发展。推进管理创新、技术创新、产品创新、模式创新。四是拓展海外市场，加速国际化发展。鼓励快递企业"走出去"，建设跨境寄递通道。五是加强寄递渠道综合治理，保障安全发展。强化企业主体责任，落实安全防控措施。六是加快信用建设，推进诚信发展。构建行业信用管理体系，推进诚信文化建设。七是高效利用资源，推动绿色发展。促进资源集约，推广绿色包装，推动绿色运输，营造绿色发展环境。

三、快递服务分类

快递服务大体分为国内快递业务和国际快递业务两大类。这两类业务除了覆盖地理范围和进出口要求不同外，在业务流程、服务模式和付费方式上都大致相同，这里重点介绍国内快递业务知识，简单介绍国际快递业务知识。

0.1 快件与快递业务分类

一、快件分类

快件是快递服务组织按承诺时限快速递送的信件、包裹、印刷品等的总称。不同种类的快件具有不同的性质和特点。

（一）按照内件性质不同分类

所谓内件，是指客户寄递的信息载体和物品。根据信息载体和物品的概念，快件主要分为信件类快件和包裹类快件两种。按内件性质对快件进行分类是快件最基本的分类方法。信件类快件和包裹类快件从进入整个流程开始就有着一定的操作细节差别，在称重计量、包装捆扎、分拣封发等方面都存在差异。

1. 信件类快件

信件类快件是指内件符合收寄规定的各种手写或印刷的文件、资料类快件。

2. 包裹类快件

包裹类快件是指内件符合收寄规定的各种馈赠品、商业货样及商品类快件。

（二）按照寄达范围不同分类

按寄达范围不同可将快件分为国内快件和国际快件。

1. 国内快件

国内快件是指中华人民共和国境内用户相互寄递的快件。国内快件分为省内快件和跨省快件。

（1）省内快件

省内快件是指中华人民共和国境内同一省份、自治区、直辖市内用户相互寄递的快件。

省内快件包括同城快件和省内异地快件。

同城快件是指中华人民共和国境内同一城市行政区划内用户相互寄递的快件。

省内异地快件是指中华人民共和国境内同一省份、自治区中不同城市用户相互寄递的快件。

（2）跨省快件

跨省快件是指中华人民共和国境内不同省份、自治区、直辖市的用户相互寄递的快件。

2. 国际快件

国际快件是指中华人民共和国境内用户与其他国家或地区用户相互寄递，以及其他国家或地区间用户相互寄递但通过中国境内经转的快件。国际快件包括国际进境快件和国际出境快件。

（1）国际进境快件

国际进境快件是指从其他国家或地区寄往中华人民共和国境内的快件。

（2）国际出境快件

国际出境快件是指从中华人民共和国境内寄往其他国家或地区的快件。

（三）按照特殊情况不同分类

按照特殊情况不同，快件划分为保价快件、改寄件、委托件和自取件。

1. 保价快件

保价快件是指寄件人按规定交付保价费，快递服务组织对该快件的丢失、损毁、内件短少承担相应赔偿责任的快件。

2. 改寄件

改寄件是指快递服务组织受用户委托，变更原投递名址，寄往新名址的快件。

3. 委托件

委托件是指快递服务组织受第三方委托前往寄件人处取件后送达收件人的快件。

4. 自取件

自取件是指快件到达约定目的地后，由收件人自行提取的快件。

（四）问题快件按照问题类型不同分类

问题快件按照问题类型不同划分为拒付件、拒收件、错发件、待领快件、保管期满快件、无着快件、破损件、损毁件和丢失件。

1. 拒付件

拒付件是指收件人拒绝支付快递费用的快件。

2. 拒收件

拒收件是指收件人拒绝签收的快件。

3. 错发件

错发件是指实际到达目的地与收件人名址不符的快件。

4. 待领快件

待领快件是指因无法投递或与收件人有约定，由快递服务组织保管，等待领取的快件。

5. 保管期满快件

保管期满快件是指超过规定保管期的待领快件。

6. 无着快件

无着快件是指无法投递且无法退回寄件人、无法投递且寄件人声明放弃或无法投递且保管期满仍无人领取的快件。

7. 破损件

破损件是指因包装不良、操作失误等原因，导致包装破损的快件。

8. 损毁件

损毁件是指因包装不良、操作失误等原因，导致内件部分或全部价值损毁的快件。

9. 丢失件

丢失件是指在寄递过程中单一快件全部丢失，或其内件部分丢失的快件。

（五）按照快递服务时限分类

按照快递服务时限快件可分为标准服务快件、承诺服务时限快件和特殊要求时限快件。

1. 标准服务快件

标准服务快件是指快递服务组织从收寄快件开始，到第一次投递的时间间隔符合快递服务标准承诺时限要求的快件。同城快件时限不超过 24 小时，异地快件时限不超过 72 小时。

2. 承诺服务时限快件

承诺服务时限快件是指高于标准服务时限标准且对客户承诺具体服务时限的快件。如当日达、次晨达等快件。

3. 特殊要求时限快件

特殊要求时限快件，是指在服务时限承诺标准之外，客户提出个性化寄递要求的快件。

有些客户对快件有着特殊的时限要求，比如，一些急需的药品、试验品等。寄件人希望能够及时、安全地送达收件人，解决收件人燃眉之急，就需要使用特殊要求时限服务。对于这些有特殊时限要求的，快递企业一般指定专人收派快件，采用最快捷的交通方式，将快件安全送到客户手中。特殊快件服务采用的是特殊运输和派送方式，因此收费较高，客户使用得较少。

（六）按照赔偿责任分类

国内快件在寄递过程中因非客户过失而发生延误、丢失、损毁和内件不符的情况时，快递企业应对寄件人予以赔偿。

快件延误是指快件的投递时间超出快递服务组织承诺的服务时限，但尚未超出彻底延误时限。快件丢失是指快递服务组织在彻底延误时限到达时，仍未能投递的快件。快件损毁是指快递服务组织寄递快件时，由于快件封装不完整等原因，致使失去部分价值或全部价值的快件。内件不符是指内件的品名、数量和重量与运单不符。

按照赔偿责任不同，快件分为保价快件、保险快件和普通快件。

1. 保价快件

保价快件是指客户在寄递快件时，除交纳运费外，还按照声明价值的费率交纳保价费的快件。如果保价快件在传递过程中发生遗失、损坏、短少、延期等问题，客户可向快递企业提出索赔诉求，快递企业须承担相应的赔偿责任。

2. 保险快件

保险快件是指客户在寄递快件时，除交纳运费外，还按照快递企业指定的保险公司承诺的保险费率交纳保险费的快件。如果保险快件在传递过程中发生遗失、损坏、短少、延误等问题，客户有权向承包的保险公司提出索赔要求。

3. 普通快件

普通快件是指只交纳快件运费而不对快件实际价值进行保价的快件。依据《邮政法》及其实施细则的规定，对于没有保价的普通包裹类邮件按照实际损失的价值进行赔偿，但最高赔偿额不超过本次邮寄费的5倍。快递企业对普通包裹类快件的赔偿一般是参照这一规定办理的。

（七）按照业务方式分类

按照业务方式不同，快件分为基本业务快件和增值业务快件。

1. 基本业务快件

快递企业的基本业务快件是收寄、分拣、封发和运输单独封装的、有名址的信件、包裹和不需要储存的其他物品，并按照承诺时限将其送达收件人的门对门服务。这是快递企业的核心业务。

2. 增值业务快件

增值业务快件是指快递企业利用自身优势推出的新的快递延伸服务项目。代收货款业务快件是目前较多快递企业推出的一项增值业务快件。代收货款业务是随着邮购和电子商务业务的兴起而快速发展起来的，它是指快递业务员在派送客户订购的商品快件时按快件详情单上标注的应付款金额，代邮购和电子商务业务公司向收件人收款，并代为统一结算。

由于网络购物的买卖双方互不见面，彼此缺乏信任，买方希望网上购物仍能按传统方式交易，即在收到购买商品时再付款，而卖方则希望先收到货款后再送货。在这种情况下，代收货款服务便成了买卖双方都愿意选择的一种最佳方案。因此，随着电子商务的迅猛发展，代收货款快递服务的业务量日益增大。

（八）按照付费方式分类

按照付费方式不同，快件分为寄件人付费快件、收件人付费快件和第三方付费快件。

1. 寄件人付费快件

寄件人付费快件是指寄件人在寄递快件的同时自行支付快递资费的快件。通常情况下，这类快件是各类快递企业的最主要业务。

2. 收件人付费快件

收件人付费快件，也称到付快件，是指寄件人和收件人商定，由收件人在收到快件时支付快递资费的一种快件。

3. 第三方付费快件

第三方付费快件是指寄件人和收件人商定，在收件人收到快件时由第三方支付快递资费的一种快件。这种快件的收件人通常是子公司，而付款的则是母公司。

（九）按照结算方式划分

按结算方式分类，快件分为现结快件和记账快件。

1. 现结快件

现结快件是指快递业务员在快件收寄或派送现场向寄件人或收件人以现金、支票或其他方式收取快件资费的一种快件。

2. 记账快件

记账快件是指快递公司同客户达成协议，由客户在约定的付款时间或周期内向快递公司拨付资费的一种快件。

二、快递业务分类

快递是指快速收寄、分拣、运输、投递单独封装的、有名址的快件或其他不需储存的物品，按承诺时限递送到收件人或指定地点、并获得签收的寄递活动。不同种类的快递具有不同的性质和特点。快递业务可按寄达范围、快递增值服务进行分类。

（一）按照寄达范围分类

按照寄达范围不同，快递业务分为国内快递、国际快递和港澳台快递。

1. 国内快递

国内快递服务是指寄件人和收件人在中华人民共和国境内的快递服务，分为省内快递和跨省快递。

（1）省内快递

省内快递是指寄件人和收件人在中华人民共和国境内同一省份、自治区、直辖市内的快递服务。省内快递分为同城快递和省内异地快递。

1）同城快递

同城快递是指寄件人和收件人在中华人民共和国境内同一城市行政区划内的快递服务。比如，寄件人在北京市朝阳区，收件人在北京市海淀区，快件从北京市朝阳区送往北京市海淀区，这种在同一个城市内传递的快件称为"同城快递"。同城的概念原则上是指同一城市，但由于快递企业能力和网络结构的不同，各快递企业对同城地域范围的界定会有所不同。

同城快递业务相对于异地快递业务而言，运营成本较低，易于管理，又具有取件和送件及时，能为客户解燃眉之急的特点。同城快递业务是近年来快递服务增长较快的业务，也是中小型民营快递企业的主导业务。

2）省内异地快递

省内异地快递是指寄件人和收件人分别在中华人民共和国境内同一省、自治区中不同城市的快递服务。比如，寄件人在广东省珠海市，收件人在广东省湛江市，快件从广东省珠海市送往广东省湛江市，这种在同一省份、自治区中不同城市的快递服务称为"省内异地快递"。

（2）跨省快递

跨省快递是指寄件人和收件人分别在中华人民共和国境内不同省份、自治区、直辖市的快递服务。与同城快递和省内异地快递服务相比，这种快递业务管理成本较高，取件和送件因分别在不同省、自治区、直辖市而不确定因素增大。跨省快递服务是快递服务较为普遍的一种形式，也是我国快递业务中使用最多的一种。

2．国际快递

国际快递是指寄件人和收件人分别在中华人民共和国境内和其他国家或地区（香港、澳门、台湾地区除外）的快递服务，以及其他国家或地区（香港、澳门、台湾地区除外）间用户相互寄递但通过中国境内经转的快递服务。国际快递包括国际进境快递和国际出境快递。

（1）国际进境快递

国际进境快递是指收件人在中华人民共和国境内，寄件人在其他国家或地区（香港、澳门、台湾地区除外）的快递服务。

（2）国际出境快递

国际出境快递是指寄件人在中华人民共和国境内，收件人在其他国家或地区（香港、澳门、台湾地区除外）的快递服务。

（二）按照快递增值服务分类

按照快递增值服务不同可以将快递分为代收货款快递、签回单快递、电子商务快递和限时快递。

1．代收货款快递

代收货款快递是指快递服务组织接受寄件人委托，在投递快件的同时，向收件人收取货款的服务。

2．签回单快递

签回单快递是指快递服务组织在投递快件后，将收件人签收或盖章后的回单返回寄件人的服务。

3. 电子商务快递

电子商务快递是指快递服务组织受参与网上交易的用户的委托，寄递快件的服务。

4. 限时快递

限时快递是指快递服务组织在约定时间点前将快件送达用户的快递服务。

0.2 国内快递业务

国内快递服务是指寄件人和收件人都在中华人民共和国境内的快递服务。国内快递服务分为省内快递和跨省快递，省内快递分为同城快递和省内异地快递。无论是省内快递还是跨省快递，主要服务环节和禁限寄物品规定基本一致。

一、国内快递服务的主要服务环节

国内快递服务的主要服务环节为收寄、分拣、封发、运输、投递，以及查询、投诉和申诉、赔偿等。

（一）收寄

1. 收寄形式

收寄主要包括上门收寄和营业场所收寄两种形式。

（1）上门收寄

上门收寄是指快递业务员根据客户要求和提供的地址到客户所在地收取并办理快件收寄手续的收寄方式。上门收寄是快件收寄的主要方式，对于大客户或合同客户，上门收寄多按固定地点和时间进行。上门收寄主要包括接单、取件。

1）接单

快递服务组织在接单时应记录用户姓名、取件地址、联系方式、快递种类、快件目的地等相关信息；约定取件时间；提供服务范围、服务时限、服务价格、物品禁限寄规定等信息；若不能提供快递服务，应以适当的方式及时告知用户。

2）取件

取件是指快递服务组织接单后应立即通知收派员取件。

收派员取件时应满足取件时间宜在2小时内，有约定的除外；统一穿着具有组织标识的服装，并佩戴工号牌或胸卡；带好必备的快递运单、封装用品、手持终端和计量器具等。

（2）营业场所收寄

营业场所收寄是指快递企业在设立的固定营业网点或收寄处理点直接收寄寄件人前来交寄的快件的收寄方式。营业场所收寄是大型快递企业收寄各类快件的方式之一，近年来有日益增长的趋势。营业场所收寄时，快递服务组织应告知服务范围、服务时限、服务价格、

快递业务操作

物品禁限寄规定等，为用户提供基本的用品用具。

2. 验视

验视要求是指用户应将快件内件的种类和性质告知收派员。对用户交寄的信件，必要时快递服务组织可要求用户开拆，进行验视，但不应检查信件内容。对用户交寄的包裹和印刷品，快递服务组织收寄时应当场验视内件，用户拒绝验视的，可不予收寄。验视时，应满足以下要求：发现法律、法规规定的禁寄物品，应拒收并向寄件人说明原因；发现限寄物品，应告知寄件人处理方法及附加费用，注意和寄件人共同验视。

验视时收派员仍不能确定安全性的存疑物品，应要求寄件人出具相关部门的安全证明，否则，不予收寄。收派员收寄已出具安全证明的物品时，应如实记录收寄物品的名称、规格、数量、收寄时间、寄件人和收件人名址等内容，记录保存期限应不少于1年。

3. 封装

快件的封装主要包括快递业务员负责封装和寄件人自行封装两种形式。

封装快件时注意快件的单件重量不宜超过 50 千克，包装规格任何一边的长度不宜超过 150 厘米，长、宽、高三边长度之和不宜超过 300 厘米。

快件封装时应防止快件变形、破裂、损坏或变质，伤害用户、快递业务员或其他人，污染或损毁其他快件。寄件人自行封装的快件不符合要求时，快递服务人员应提醒用户予以加固。快递服务人员负责封装，需要寄件人支付费用时，应在封装前告知用户封装费用。

对信件、包裹和印刷品的封装，应满足以下要求：信件封装应以不影响快件信封袋的正常封口为准，不应对信件进行打包封装，封装完成后，应当在信件封套的显著位置标注"信件"字样；包裹封装应按寄递物品的性质、状态、体积、轻重、路程远近和运输方式等，选用适当的封装方式妥善封装；印刷品应平直封装。

4. 称重与计费

应使用秤、卷尺等计量用具测量快件的实际重量和体积重量，确定正确的计费重量，并根据计费重量、服务种类等确定服务费用。快递服务组织应在提供服务前告知用户服务费用，告知的内容应包括：快递服务计费的首重及费用，快递服务的续重及计费单价，附加服务的费用，费用总额。

寄件人支付费用后，快递服务组织应将与服务费同等金额的发票交给寄件人。

5. 快递运单填写

填写快递运单前，应提醒寄件人阅读快递运单背面的快递服务合同条款，建议寄件人对贵重物品购买保价或保险服务。

寄件人应按照相关要求填写快递运单，以确保字迹清楚、工整，内件种类、数量、性质等信息填写准确，寄件人和收件人的姓名、地址、联系方式等内容填写完整。

快件收寄后，应及时送交快件处理场所，录入收寄信息并按规定上传信息网络。

（二）内部处理

快件内部处理程序应主要包括分拣、封发、运输等环节。如在内部处理过程中发现禁寄物品，应立即停止寄递，对各种反动报刊、书籍、淫秽物品、毒品及其他危险品，应及时通知公安机关处理。

1. 分拣

分拣前应检查快件封装，对封装不合格或破损的快件，应由2人以上会同处理，并作好记录；复核快件重量，对重量不符的快件，应由2人以上会同处理，并作好记录；录入并复核快件信息。

分拣处理按快件地址、快件种类、服务时限要求等依据进行分拣。

分拣时应满足以下要求：应按快件处理场所的分区，分区作业；摆放快件时，应遵循大不压小、重不压轻、分类整齐摆放、易碎件单独存放的原则；文明分拣，不应野蛮操作，快件脱手时，一般快件离摆放快件的接触面之间的距离不能超过30厘米，易碎件不能超过10厘米；小件物品及文件类快件，不应直接接触地面；准确将快件分拣到位，避免出现错分滞留现象；及时录入分拣信息，并按规定上传网络。

2. 封发

封发包括复检、登单、封袋、检查、制作路单、录入封发信息。

1）复检

复检是指在快件装袋封发前，应对分拣后的快件进行复检。

2）登单

登单是指分拣复核无误后，登入封发清单，确保登单信息与快件信息相符。登单过程中如发现有误拣错登，应及时予以改登。

3）封袋

封袋是指登单后，打印封发清单和总包条码袋牌，快件装袋封发，形成总包快件信息。

4）检查

检查是指检查总包封发规格及条码质量，检查现场有无遗漏封发快件。

5）制作路单

制作路单是指快递包裹总包交运时，应制作路单并办理交接手续。

6）录入封发信息

录入封发信息是指应及时录入封发信息，并按规定上传网络。

3. 运输

运输包括快件交接、转运、特殊情况处理、录入运输信息。在快件的装载和卸货环节，应核对总包数量和重量，如发现问题快件，应及时记录。

1）快件交接

快件交接时应文明装卸，确保快件不受损害。

2）转运

转运是指快件如需转运，应尽量减少快件存留时间，严格按照中转时限转发。转运时，应及时录入转运信息并上传网络。

3）特殊情况处理

特殊情况处理是指若出现特殊情况，致使原规定的发运计划不适用时，可根据实际情况调整计划，临时选择最迅速、有效的路线和运输方式发运，并在相关路单上注明变更情况。

4）录入运输信息

录入运输信息是指及时录入运输信息，并按规定上传网络。

（三）投递

投递形式应主要包括按名址面交、用户自取或与用户协商三种形式。

1. 按名址面交

按名址面交是指快递业务员按收件人姓名和地址将快件直接送达客户并完成签收手续的派送方式。这是快递企业采用的最主要的派送方式。

（1）投递时间

快件的首次投递时间应不超出向用户承诺的服务时限或按照约定的服务时间投递。

（2）人员着装

收派员应统一穿着具有组织标识的服装，并佩戴工号牌或胸卡。

（3）投递次数

按《快递服务标准》规定，快递服务组织应对快件提供至少2次免费投递。

投递2次未能投交的快件，收件人仍需要快递服务组织投递的，快递服务组织可以收取相关费用，但应事先告知收件人费用标准。

（4）快件签收

1）验收

收派员将快件交给收件人时，应告知收件人当面验收快件。

对于代收货款快件、网络购物、电视购物和邮购等快件，收件人可先验收内件再签收。验收时，可对内件外观和内件数量进行清点，但不能对内件进行试用或进行产品功能测试。对普通快件，收件人可先验视包装，如果包装明显破损的，可先验收内件再签收。

2）签收注意事项

验收无异议后，收件人应确认签收。与寄件人或收件人另有约定的应从约定。

若收件人本人无法签收时，可与收件人（寄件人）沟通，得到允许后，采用代收方式。代收时，收派员应告知代收人的代收责任，并核实代收人身份。

拒绝签收的，收件人（代收人）应在快递运单等有效单据上注明拒收的原因和时间，并签名。收件人（代收人）拒绝签收，又拒绝注明拒收原因和时间的，收派员应在快递运单等单据上注明，并及时告知快递服务组织和寄件人。

收件人（代收人）支付费用后，收派员应提供与服务费同等金额的发票。

2. 用户自取

用户自取是指收件人自行到快递企业设立的网点或派送处理点领取快件的方式。这种情况一般较少发生，只有在同客户有特殊约定的情况下才采用这种方式。用户自取主要适用于以下几种情况：投递2次仍无法投递的快件，相关政府部门（如海关、公安等）提出要求的。

3. 与用户协商

对有特殊需求的用户，快递服务组织可与用户协商，采取其他方式妥投给用户。

快递服务组织应在投递前联系收件人，当出现快件无法投递情况时，采取以下措施：出现首次和第二次无法投递时，应主动联系收件人，通知再次投递的时间及联系方法；尝试2次仍无法投递，可通知收件人采用自取的方式，并告知收件人自取的地点和工作时间；收件人仍需要快递服务组织投递的，应告知额外费用；若联系不到收件人，快递服务组织应在彻底延误时限到达之前联系寄件人，协商处理办法和费用。主要处理方法包括：寄件人放弃快件的，应在快递服务组织的放弃快件声明上签字，快递服务组织凭函处理快件；寄件人需要将快件退回的，应支付退回的费用。

无着快件的信件，自快递服务组织确认无法退回之日起超过6个月无人认领的，由快递服务组织在邮政管理部门的监督下销毁。其他无着快件，自快递服务组织确认无法退回之日起超过3个月的，由快递服务组织在邮政管理部门的监督下进行开拆处理，开拆时对因寄件人或收件人信息缺失而导致的无着快件，能从拆出的物品中寻找收件人或寄件人信息的，应继续尝试投递或退回；存款单、存折、支票，应寄交当地人民银行处理，其他有价证券，应寄往发行证券的机构处理；金银饰品，应向当地银行兑换成现金后由邮政管理部门上缴国库；本国货币应由邮政管理部门上缴国库，外国货币应兑换成人民币后由邮政管理部门上缴国库；户口迁移证、护照和其他各种证书，应送发证机关处理。

彻底延误的快件，快递服务组织应根据有关规定予以赔偿。根据国内快递服务的类型，彻底延误时限应主要包括：同城快件为3个日历天，省内异地和跨省快件为7个日历天。

收派员投递快件后，应利用手持终端等设备或其他方式录入投递信息并上传网络。

（四）查询

查询包括查询渠道、查询凭证、查询内容、查询受理时间、查询答复时限和查询受理期限。

1. 查询渠道

查询渠道是指快递服务组织应根据业务种类向顾客提供电话或互联网等查询渠道。

2. 查询凭证

查询凭证是指快件收寄后，用户可凭借快递运单对快件进行查询。

3. 查询内容

查询内容应包括快件当前所处服务环节及所在位置的查询服务。对于国内异地快件，快递服务组织应提供全程跟踪的即时查询服务。

4. 查询受理时间

查询受理时间是指互联网查询受理时间应为一周7天，每天24小时；电话人工受理查询应为一周7天，每天应不少于8小时。

5. 查询答复期限

查询答复期限是指对于通过互联网不能查找的快件，用户电话查询时，快递服务组织应在30分钟内告知用户，告知的内容应主要包括快件所处的服务环节及所在位置。不能提供快件即时信息的，告知用户彻底延误时限及索赔程序。

6. 查询受理期限

查询受理期限是指查询信息有效期应为快递服务组织收寄快件之日起1年内。

（五）投诉与申诉

1. 投诉

快递服务组织应当提供用户投诉的渠道，主要包括互联网、电话、信函等形式。快件收寄日起1年内，快递服务组织应受理用户投诉。受理投诉时，快递服务组织应记录如下信息：投诉人的姓名、地址和联系方式，投诉的理由、目的、要求和其他投诉细节。快递服务组织在记录的过程中，应与投诉人核对信息，以保证信息的准确性。

快递服务组织除了与投诉人有特殊约定外，国内快递服务投诉处理时限应不超过30个日历天。

快递服务组织应对投诉信息进行统计分析，提出处理方案，制定补救措施，按服务承诺及时处理。

投诉处理完毕，快递服务组织应在处理时限内及时将处理结果告知投诉人。

若投诉人对处理结果不满意，应告知其他可用的处理方式。根据投诉信息统计分析结果，快递服务组织应采取措施改进服务质量。

2. 申诉

用户向快递服务组织投诉后30日未作出答复的，或对快递服务组织处理和答复不满意的，可向邮政管理部门提出申诉。快递申诉时限为1年。

（六）赔偿

发生快件延误、丢失、损毁和内件不符时，快递服务组织应予以赔偿。

（七）例外情况

1. 改寄

改寄是指在快件尚未完成投递前，寄件人可以改寄快件。寄件人在向快递服务组织提出改寄申请时，应告知改寄后的收件人姓名、地址、电话等信息；快递服务组织应及时或在承诺的时限内告知寄件人需要承担的改寄费用并告知费用标准。

2. 撤回

撤回是指对尚未首次投递的国内快件，快递服务组织应提供撤回服务。寄件人在向快递服务组织提出撤回申请时，快递服务组织应告知寄件人需要承担撤回费用并告知费用标准。

二、禁限寄规定

国家法律法规明确规定，任何组织和个人不得用快递网络从事危害国家安全、社会公共利益或者他人合法权益的活动，并明确规定了禁限寄物品的种类、收寄检查和管理制度。

国家法律法规明文禁止寄递的物品共有 14 类，主要包括具有燃烧、爆炸、腐蚀、毒害和放射等性质的危险物品，如武器、弹药、刀具、鸦片、大麻、冰毒等物品，还包括严重危害国家安全、破坏民族团结、破坏国家宗教政策、破坏社会稳定的禁寄物品。

限寄物品是指对国家规定的限制流通或实行特许经营的物品，如烟酒等进行限量快递的物品。

三、寄递服务企业对禁寄物品的处理办法

（一）对武器、弹药等物品的处理

快递企业发现各类武器、弹药等物品，应立即通知公安部门处理，疏散人员，维护现场，同时通报国家安全机关。

（二）对各类放射性物品、生化制品、麻醉药物、传染性物品和烈性毒药的处理

快递企业发现各类放射性物品、生化制品、麻醉药物、传染性物品和烈性毒药，应立即通知防化及公安部门按应急预案处理，同时通报国家安全机关。

（三）对各类易燃易爆等危险物品的处理

企业发现各类易燃易爆等危险物品，收寄环节发现的，不予收寄；经转环节发现的，应停止转发；投递环节发现的，不予投递。对危险品要隔离存放。对其中易发生危害的危险品，应通知公安部门，同时通报国家安全机关，采取措施进行销毁。需要消除污染的，应报请卫生防疫部门处理。其他危险品，可通知寄件人限期领回。对内件中其他非危险品，应当整理

重封，随附证明发寄或通知收件人到投递环节领取。

（四）对危害国家安全和社会政治稳定以及淫秽的出版物、宣传品、印刷品的处理

企业发现各种危害国家安全和社会政治稳定以及淫秽的出版物、宣传品、印刷品，应及时通知公安、国家安全和新闻出版部门处理。

（五）对妨害公共卫生的物品和容易腐烂的物品的处理

企业发现妨害公共卫生的物品和容易腐烂的物品，应视情况通知寄件人限期领回，无法通知寄件人领回的可就地销毁。

（六）对包装不妥，可能危害人身安全，污染或损毁其他寄递物品和设备的物品的处理

企业对包装不妥，可能危害人身安全，污染或损毁其他寄递物品和设备的的物品，收寄环节发现后，应通知寄件人限期领回。经转或投递中发现的，应根据具体情况妥善处理。

（七）对禁止进出境的物品的处理

企业发现禁止进出境的物品，应移交海关处理。

0.3 国际快递业务

国际快递是指寄件人和收件人分别在中华人民共和国境内和其他国家或地区的快递服务，以及其他国家或地区间用户相互寄递但通过中国境内经转的快递服务。

一、国际快递分类

国际快递包括国际出境快递和国际进境快递。

（一）国际出境快递

寄件人在中华人民共和国境内，收件人在其他国家或地区的快递服务。

（二）国际进境快递

收件人在中华人民共和国境内，寄件人在其他国家或地区的快递服务。

二、国际快递主要服务环节

（一）国际出境快递服务环节

1. 收寄

（1）接单

对于国际出境快件，收寄时和国内快递基本一致，只是在接单时，还应满足以下要求：

告知用户寄达国或地区对快件的特殊规定；对于个人物品类快件，应提示寄件人准备身份证件影印件和海关需要的其他单证；对于货物类快件，应提示用户准备发票和海关需要的其他单证。

（2）验视

对于国际出境快件，验视时还应满足：检查货物类快件所需的发票和其他单证是否符合要求，如不符合要求，可拒收快件；对粉末状、液体、结晶体等化工品，应要求用户提供有关鉴定单位出具的鉴定报告；对光盘、服装、鞋帽、手表等涉及知识产权的快件，宜要求用户提供相关的授权书或正版证明等。

（3）称重与计费

称重与计费时快递服务组织应明确告知国际快递服务可能产生的额外费用，主要包括：国际航空燃油附加费、货物类快件所需的报关费用、报关过程中可能产生的其他需要用户支付的费用。

（4）快递运单的填写

文件类快件可只填写快递运单，物品类快件除填写快递运单外还应填写形式发票；寄件人和收件人名址应使用英文、法文或寄达国通晓的文字书写，如用英文、法文之外的文字书写时，应使用中文、英文或法文加注寄达国国名和地名；内件品名及详细说明等内容，应使用英文填写，申报价值以美元表示。

2. 分拣、封发和运输

对国际出境快件的分拣和运输基本和国内快递要求一致。

国际快件应单独装袋封发，不应同国内快件混封。

3. 出口报关

国际出境快件应按有关法律法规规定向海关报关。对国际出境快件的报关可采用代理报关的方式。快递服务组织可设立报关部门，配备报关员，向当地海关申请代理报关资格，办理代理报关业务，并配合海关对受海关监管的国际出境快件实施查验放行工作。

快递服务组织报关时，应满足以下要求：

（1）在快件的外包装上标有符合海关自动化检查要求的条码。

（2）用户交寄的需进行卫生检疫或者动植物检疫的快件，应附有检疫证书。

（3）及时向海关呈交快件报关所需的单证、资料，并如实申报所承运的快件。

（4）国际出境快件自向海关申报起到出境止，应存放于符合海关监管条件的场所，并妥为保管。

（5）未经海关许可，不应将监管时限内的快件进行装卸、开拆、重换包装、提取、派送、发运或进行其他作业。

（6）国际出境快件应在运输工具离境前4小时向海关办理报关手续。

（7）海关查验快件时，快递业务员应当到场，并负责快件的搬移、开拆、重封包装。

（8）海关将部分内件或整件扣留没收时，快递业务员应将海关签发的扣留通知单及时送达寄件人。

4. 查询

对于国际出境快件，快递服务组织宜提供全程跟踪的即时查询服务。

对于国际出口代理快件，快递服务组织应及时将快件信息与国外代理组织进行交换传输和跟踪查询。

5. 彻底延误时限

国际快件的彻底延误时限为10个日历天。

6. 投诉和申诉

国际快递服务的投诉和申诉与国内快递基本一致。

国际快递服务投诉处理时限应不超过60个日历天。

7. 撤回

快递服务组织应对国际快件的下列情况提供撤回服务：国际快递服务快件尚未封发出境。

寄件人在向快递服务组织提出撤回申请时，快递服务组织应告知寄件人需要承担撤回费用并告知费用标准。

8. 赔偿

发生快件延误、丢失、损毁和内件不符时，快递服务组织应予以赔偿。

（二）国际进境快递服务环节

1. 进口报关

国际进境快件自向海关申报起到进境止，应存放于符合海关监管条件的场所，并妥为保管；国际进境快件应在运输工具申报入境后24小时内向海关办理报关手续。

2. 运输和分拣

国际进境快件分拣时应将英文快递运单翻译成中文。

3. 投递

国际进境无着快件，快递服务组织保管期满6个月后，由快递服务组织在邮政管理部门的监督下进行开拆处理；对于处于报关阶段的无着快件，应由海关进行处理。

国际快递主要服务环节与国内快递业务一样，都要经过收寄、分拣封发、运输和投递等环节。其主要区别在于，国际快件在入境和出境过程中需接受我国和有关国家或地区海关的进出境检查，必须办理通关手续。

提供国际快递服务的快递企业的有关业务人员不仅要熟悉和掌握我国通关的有关法律法规、政策、制度和程序，而且还必须了解和掌握有关主要国家的通关的规定和知识。

三、快件通关相关知识及要求

（一）我国海关对快递物品的规定

国家对禁止出入境物品有明确的规定。这些规定主要是从保护国家安全、国家利益和公民生命财产安全的角度确定的。禁止入境的物品包括武器、毒品、影响环境和危害社会道德的物品以及其他对个人、环境和国家安全有影响的物品。禁止出境的物品包括涉及国家秘密的信息资料、文物、濒危动植物、影响国家安全的音像制品和印刷品等。

限制出入境物品，不是整体禁止该种物品的出入境，而是对数量、价值进行限制。例如，对入境的烟规定不超过 400 支，外国货币不超过一定总数等。同时，对出境的物品也有类似的限制，如一般文物、贵重中药材等。

快递企业和快递业务员必须熟悉并严格遵守国家的有关规定，在工作过程中要严格把关，不收寄和派送国家明令禁止进出境的物品，也不过量收寄不符合限寄要求的物品。

（二）快件通关相关知识和要求

1. 报关部门

从事国际快递服务的快递服务组织可设立报关部门，根据有关规定向当地海关申请代理报关资格，办理代理报关业务，并配合海关对受海关监管的进出口国际快件实施查验放行工作。另外，国际快递服务可采用代理报关办法，即由快递企业委托报关中介公司代理报关手续。

2. 报关知识

快件的报关和查验应当在快递企业所在地海关办公时间和专门监管场所内进行。如需在海关办公时间以外或专门监管场所以外进行，需事先商议，并获得海关的同意，同时向海关无偿提供必需的办公场所及必备的设施。

入境的快件，应当在运输工具申报入境后 24 小时内向海关办理报关手续。出境的快件，应当在运输工具离境前 4 小时向海关办理报关手续。

3. 快递企业应承担的义务

快递企业经营进出境快件业务，应当承担下列义务：

（1）及时向海关呈交快件通关所需的单证、资料，并如实申报所承运的快件。

（2）通知收、发件人缴纳或代理收、发件人缴纳快件的进出口税款，并按规定对进出境快件交纳税费、监管手续费等。

（3）除非海关准许，否则快递企业应当将监管时限内的快件存放于专门设立的海关监管仓库内，并妥善保管。未经海关许可，不得将监管时限内的快件进行装卸、开拆、重换包装、提取、派送、发运或进行其他作业。对于进境快件，"监管时限"是指自运输工具向海关申报起至办结海关手续止；对于出境快件，"监管时限"是指自向海关申报起至运输工具离境止。

（4）海关查验快件前，快递企业有关业务人员应对快件进行分类。海关查验快件时，快递企业应当派工作人员到场，并负责快件的搬移、开拆、重封包装等。

（5）发现快件中含有禁止出境的物品，不得擅自处理，应当立即通知海关并协助其进行处理。

项目 1　同城快递

PROJECT 01

同城快递是指寄件人和收件人在中华人民共和国境内同一城市行政区划内的快递服务。例如，寄件人在深圳南山区，收件人在深圳罗湖区，快件从深圳的南山区送往深圳的罗湖区，这种在同一个城市内传递的快递称为"同城快递"。

快递服务组织是中国境内依法注册的、提供快递服务的企业及其加盟企业、代理企业。快件是快递服务组织依法递送的信件、包裹、印刷品等的统称。快件按照内件性质不同分为信件类快件（图1-1）和包裹类快件（图1-2）两种。信件类快件一般是重要的函件或者是提单、合同、提货单等重要单证。包裹类快件主要有货样、个人物品及各种紧急需要的货物或物品。

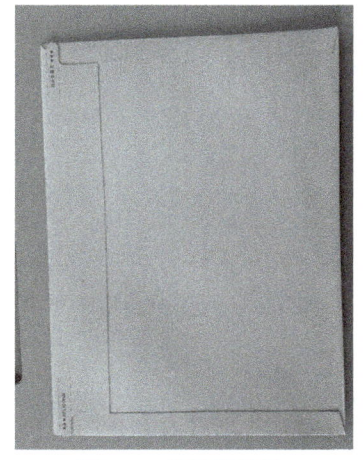
图1-1　信件类快件

图1-2　包裹类快件

同城快递成本投入少，易于管理，取件和送件及时快捷，能为客户解燃眉之急，受到社会各界欢迎，是最适合个人创业投资的方式。同城快递成为活跃城市经济、提高客户工作效率、解决就业问题的重要行业之一。

1.1　项目描述

某同城快递公司经营同城快递业务。该公司在××市的营业网点分布示意图如图1-3所示，从图上得出该市分为四个区，分别是A区、B区、C区和D区，每个区有若干营业网点。该公司在A区××广场旁边设置一个营业网点，该营业网点下辖4个派送段，分

快递业务操作

别是××村、××广场、××工业区、××保税区。该营业网点模拟示意图如图1-4所示。每个派送段配置一名收派员，每位收派员的工作时间为8:30～18:30。该公司在全市设置了24个营业网点，每个营业网点下辖若干个派送段。C区新岛大厦和C区海景大厦同属一个派送段。

> **知识链接**
>
> 　　快递服务是在承诺的时限内快速完成的寄递服务。
> 　　营业网点是快递企业收寄和派送快件的基层站点，其功能是集散某个城市某个区域的快件，然后再按派送段进行分拣和派送。
> 　　营业网点的设置，应依据当地人口密度、居民生活水准、整体经济社会发展水平、交通运输资源状况、设置营业网点的经济社会效益以及公司发展战略等因素来综合考虑，要本着因地制宜的原则，科学、合理地设置。
> 　　派送段即派送区域，快递企业根据业务量及收派员人数，将每个营业网点的服务范围划分成若干个派送服务段，每一个服务段叫作派送段。一个派送段的地域范围主要是依据该派送段的业务量与地域范围，并综合考虑收派员的工作时间来划分的，一个派送段既可以是一条路段、几条路段两旁或一定地理范围内的商铺、写字楼、住宅小区、企事业单位等，也可以是一栋楼，甚至一栋楼的其中几层。一般情况下，每位收派员负责其中一个或多个派送段的快件收派服务。

××日上午9:00公司呼叫中心接到××广场派送段的一些客户的快递需求：

××市A区互助北路××号，××学校李××，电话为1380000××××，需快递一份邀请函到C区新岛大厦。

××市A区互助北路××号，××物流公司段××，快递4份海运正本提单到C区海景大厦。

××市A区互助北路××小区22栋1单元501，陈××，电话1367890××××，快递一盒玻璃文具到B区机场第二航站楼。

××市A区互助北路××号，××电子厂张××，电话1380034××××，快递一箱电子元器件到A区格林大厦。

同城快递项目包括同城信件类快递任务和同城包裹类快递任务，一定条件下可开展快递增值业务。国家快递服务标准规定，同城快递服务时限（指快递服务组织从收寄开始，到第一次投递的时间间隔）不超过24小时。一般同城快递企业为了留住客户，提高企业竞争力，服务时限远远小于24小时，如某同城快递企业规定上午10点前收件，同区4小时送达，跨区8小时送达。

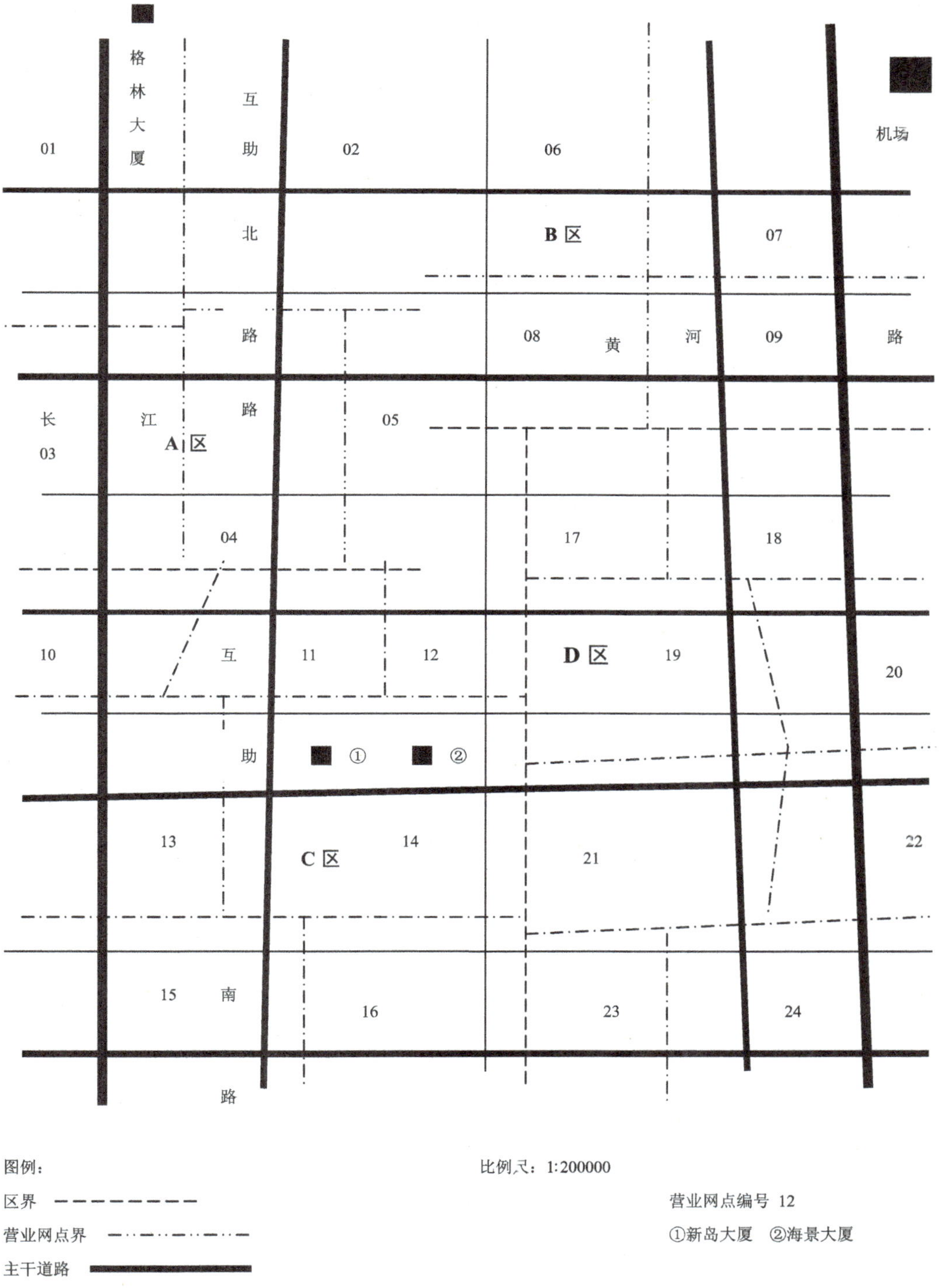

项目 1　同城快递

图 1-3　快递公司××市快递营业网点分布示意图

快递业务操作

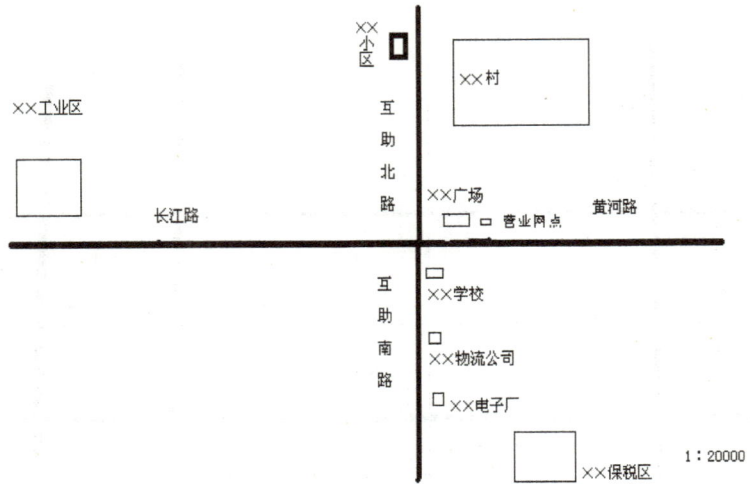

图1-4 ××广场营业网点模拟地图

1.2 项目实施

1.2.1 领受工作任务

如果你已经认真阅读了工作任务书，请领受同城信件类快递和同城包裹类快递工作任务，并在任务书上签名确认。

工作任务书

在收寄后4小时内完成从××市A区互助北路××号××电子厂快递一箱电子元器件到A区格林大厦的任务。

在收寄后8小时内完成从××市A区互助北路××号××学校送一份邀请函到C区新岛大厦，从××市A区互助北路××号××物流公司送4份海运正本提单到C区海景大厦，从××市A区互助北路××小区22栋1单元501送一盒玻璃文具到B区机场第二航站楼的同城快递任务。

收件时限（从接到呼叫中心收件指令到收件完成返回营业网点）为1.5小时；派送段分拣时限为0.5小时；同区运输时限1小时，跨区运输时限2小时；派送时限为1小时。

要求：提高职业素养，维护企业形象，指导客户正确填写运单，准确收取资费，妥善包装物品，正确在自行车尾架上捆扎快件。根据收件人地址准确快速完成按派送段分拣的任务，熟悉本市线路，按时完成运输任务，能指导客户正确签收快件。

领受任务签名：

年　月　日

1.2.2 工作任务分析

1. 工作任务种类

包括同城文件快递任务和同城包裹快递任务，其中需要快递的邀请函、海运正本提单属于同城信件类快递，需要快递的一箱电子元器件和一盒玻璃文具属于同城包裹类快递。

2. 同城快递区域分类

同城快递包括同区快递和跨区快递。以××市为例，该市按照行政区划分为四个区，分别是A区、B区、C区、D区。每个区设置若干营业网点，每个营业网点设置若干派送段，每个派送段由一名收派员负责。A区互助北路××号××电子厂和格林大厦同在A区，属于同区快递，要求收寄后4小时内送达收件人。A区互助北路××号××学校和C区新岛大厦，A区互助北路××号××物流公司和C区海景大厦，A区互助北路××小区22栋1单元501和B区机场第二航站楼在不同区，属于跨区快递，要求在收寄后8小时内送达收件人。从A区到C区和D区的边缘地区的跨区快递时限适当延长，但要求最长时限在24小时以内。

3. 同城快递物品分析

海运正本提单属于物权凭证，如果快件丢失后果严重，极易给收件人造成重大损失。一箱电子元器件价值昂贵，属于高价值物品，应建议寄件人保价，如果没有建议，快递物品丢失或损坏，按照相关法规或行业惯例给予寄件人的赔偿将远远不能弥补损失，会给公司造成不良影响，流失客户。玻璃文具属于易碎物品，需要选好包装物料，做好防震包装，粘贴易碎标识。

> **知识链接**
>
> 快件保价是指客户向快递企业声明快件价值，快递企业与客户之间协商约定由寄件人承担基础资费之外的保价费用，快递企业以快件声明价值为限承担快件在收派、处理和运输过程中发生的遗失、损坏、短少等赔偿责任。
>
> 快件保价是快递企业直接向客户做出的承诺，如果发生问题，由快递企业承担理赔责任。部分快递企业为转移赔偿风险，通过向保险公司购买快件保险，由保险公司承担快件遗失、损坏、短少等的赔偿责任。
>
> 保价费用 = 声明价值 × 保价费率，一般情况下，保价费率为1%。
>
> 防震包装又称缓冲包装，在各种包装方法中占有重要的地位。产品从生产出来到开始使用要经过一系列的运输、保管、堆码和装卸过程，置于一定的环境之中。在任何环境中都会有力作用在产品之上，并使产品发生机械性损坏。为了防止产品遭受损坏，就要设法减小外力的影响，所谓防震包装就是指为减缓内装物受到冲击和振动，保护其免受损坏所采取的一定防护措施的包装。
>
> 防震包装主要有以下三种方法：
>
> 第一种是全面防震包装方法。全面防震包装方法是指内装物和外包装之间全部用防

快递业务操作

震材料填满，以达到防震效果的包装方法。
　　第二种是部分防震包装方法。对于整体性好的产品和有内装容器的产品，仅在产品或内包装的拐角或局部地方使用防震材料进行衬垫即可。所用包装材料主要有泡沫塑料防震垫、充气型塑料薄膜防震垫和橡胶弹簧等。
　　第三种是悬浮式防震包装方法。对于某些贵重易损的的物品，为了有效地保证在流通过程中不被损坏，外包装容器应比较坚固，然后用绳、带、弹簧等将被装物悬吊在包装容器内。在物流中，无论是什么操作环节，内装物都被稳定悬吊而不与包装容器发生碰撞，从而减少损坏。

> **想一想**

4个玻璃瓶包装的蜂蜜需要寄递，收派员应怎样做防震包装，需要哪些防震包装物料？

> **练一练**

1. 某票快件声明价值为1000元，保价费率为1%，则保价费用是多少？
2. 为6个直口玻璃杯选择合适的包装箱和防震包装物料进行防震包装，要求：5分钟内完成，纸箱从1.6米高处自由落体，不同侧面触地杯子不碎即为合格。

1.2.3 实施步骤

实施步骤如图1-5所示。

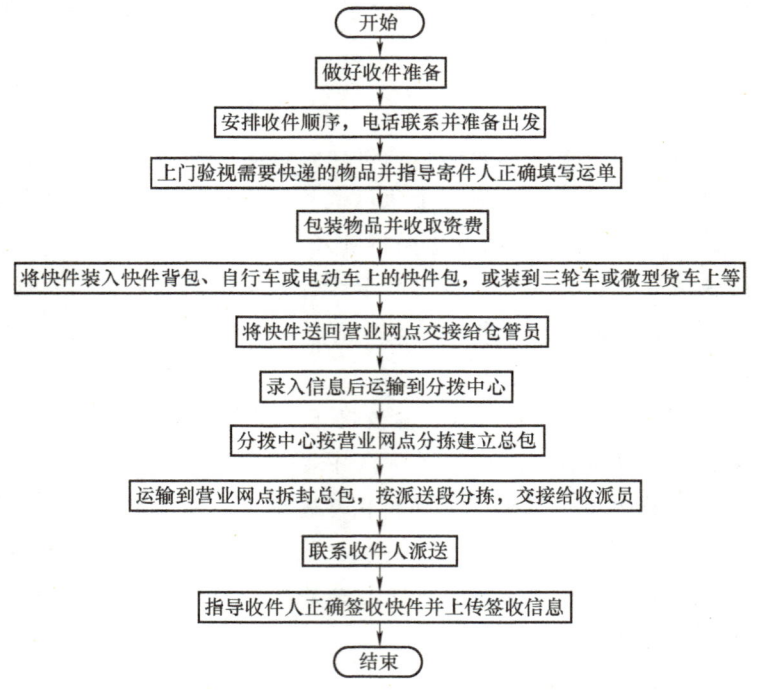

图1-5　同城快递任务实施流程图

1.2.4 实施过程

1. 做好收件准备

出发前先核实一下将要收取的快件情况，准备好工具和物料。文件类有邀请函和正本提单，需要准备 2 个以上的文件封，包裹类有玻璃文具和电子元器件，玻璃文具属于易碎物品，核实物品长、宽、高，准备大小合适的包装箱（图 1-6）、气泡膜（图 1-7）、气泡垫（图 1-8）等防震物料，封箱胶带、布带。电子元器件属于贵重物品，怕湿，需要建议寄件人保价，准备防雨布或防雨膜（图 1-9），带好零钱、发票、磅秤、卷尺、戒刀、空白运单、报价单、易碎标签等。

图 1-6　包装箱

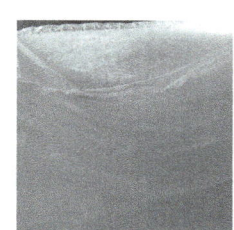

图 1-7　气泡膜

图 1-8　气泡垫

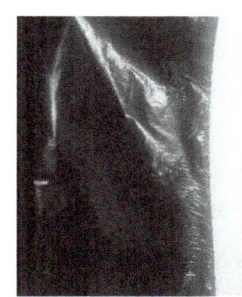

图 1-9　防雨膜

在镜子前检查着装，穿着统一的、具有组织标识的服装，并佩戴工号牌或胸卡。对着镜子看看头发是否整洁不凌乱。

2. 安排收件顺序，电话联系准备出发

参照图 1-3，按照快件特点、取件距离远近等安排收件顺序，电话联系寄件人，约定收件时间。出发前检查一下快递车刹车闸是否灵敏，压一压轮胎是否有气。收件用的快件包是否无破漏，一般信件类快件和小包裹类快件收件后装入快件包，箱型快件可采用相应快件车辆收件。快递车辆出发前检查驾驶证等相关证件是否带齐，司机是否饮酒，车辆状态是否良好。

> **知识链接**
>
> 收派员上门一次取完快件的收件排序原则：先远后近、先文件后包裹、先小件后大件、先轻后重、价值昂贵快件最后取，易碎快件后取，收件路线不重复。

快递业务操作

> **想一想**

收派员到小区上门收件，如何保证自己的快递车及已取快件的安全？

> **练一练**

假如收派员现在位于图 1-4 中的 ×× 广场的营业网点中，请设计收件顺序，并说明理由。

3. 上门验视需要快递的物品并指导寄件人正确填写运单

（1）预约上门

上门前请先电话联系寄件人，到达预定地点后，将快递车停到安全的地方锁好，贵重物品随身携带，敲门前再检查一遍自己的着装与头发，保持微笑。若按门铃，用食指按门铃，按铃时间不超过 3 秒，等待 5～10 秒后再按第二次；若需要敲门时，应用食指或中指连续敲门三下，等候 5～10 秒后如果门未开，可再敲第二次。敲门时，应用力适中，避免将门敲得过响影响其他人。在等候开门时，应站在距门 1 米处，待客户同意后方可进入。如果还没有开门则电话联系寄件人。如果寄件人还没有准备好，需要等待较长时间，则与寄件人约定时间，先收其他件，返回来再收这票快件，千万不要影响后续收件任务。

（2）验视快递物品

验视快递物品要特别小心，一定要仔细检查，核实一下是否属于禁限寄物品（附件 A）。如果全部物品都属于禁限寄物品，则礼貌地向寄件人说明原因，不能收件；如果部分属于禁限寄物品，则征求寄件人意见是否将禁限寄物品拣出，其他物品正常收寄。

> **知识链接**
>
> 收派员在收取客户的寄递物品时，必须查验寄递物品内件，并核实寄递物品内容与运单填写内容是否一致。
>
> 验视寄递物品，确保客户交寄的物品符合国家法律法规规定的寄递要求，且确认客户在运单上申报的物品数量和物品名称准确。
>
> 检查寄递物品性质，检查寄递物品是否属于禁限寄品。如发现疑似禁限寄物品应请客户提供物品性质的相关证明，客户无法提供相关证明或者相关证明无法证实物品性质为非禁限寄物品，则可委婉地谢拒客户，表示此件不能收取。
>
> 检查寄递物品的实际数量，确保实际数量与运单上注明的数量保持一致。如运单上没有写快件的数量，则应与客户当面确认快件的数量。
>
> 识别寄递物品的名称，确保运单上的寄递物品名称与实际寄递物品名称保持一致。
>
> 验视寄递物品内包装，查看寄递物品是否有内包装，如有内包装，检查内包装是否完好。检查内包装是否适合运输，如果不适合运输，需对快件进行外包装，保证快件在运输途中的安全，以及不被污损。

> **想一想**

怎样快速验视寄递物品？

> 练一练

下列物品中哪些是禁寄物品？

钢笔、发令纸、梳子、火柴、固体胶、书、乙炔、氢气、蓄电池、纸张、麻黄素、衬衣、仿真武器。

（3）指导寄件人填写运单中应由寄件人填写的部分

指导寄件人填写运单（同城快递空白运单见图1-10）时应特别注意运单的寄件人信息部分（名称、单位、地址、联系电话）、收件人信息部分（名称、地址、单位、联系电话）、保价及保价金额（如果需要保价）、内件品名和数量、特别声明部分（如果需要填写）和寄件人签名及寄件时间必须由寄件人填写。

> 知识链接

填写运单具体内容时应按下列要求填写：

1）单位名称。私人寄件或收件可不填写单位名称，单位寄件或收件必须填写单位名称。

2）寄件人、收件人姓名。必须填写全名。

3）联系电话必须填写，最好填写手机号码，便于快件异常时可以及时联系到寄件人或收件人。

4）寄件地址、收件地址必须详细填写，以便快件退回时可以尽快找到寄件人或快件投递时尽快联系到收件人。

> 想一想

一般情况下，收派员能否代替寄件人填写运单？并说明理由。如果不能，什么情况下可以，需要怎样做？

> 练一练

检查图1-11、图1-12，寄件人填写的运单存在什么问题，并予以修改。

在××市A区互助北路××小区22栋1单元501号，指导陈××填写的运单如图1-13所示，在××市A区互助北路××号××学校李××那里，指导李××填写的运单如图1-14所示，在××市A区互助北路××号××物流公司段××那里，指导段××填写的运单如图1-15所示，在××市A区互助北路××号××电子厂张××那里，指导张××填写的运单如图1-16所示。

4. 包装物品，填制运单中收派员填写的部分，并收取资费

在××市A区互助北路××小区22栋1单元501号，指导陈××填写完运单后，快递业务员将玻璃文具用气泡膜单个包装，然后使用气泡垫在纸箱与玻璃文具或玻璃文具与玻璃文具的空隙处全面填充。使用封箱胶带进行"H"形封箱，要求封住纸箱的所有缝隙，并在两个不同面上贴上易碎（"红杯"）标签，如图1-17所示。

快递业务操作

同城快递详情单

寄件人姓名 FROM		联系电话（非常重要） PHONE (VERY IMPORTANT)	
单位名称 COMPANY NAME		收件人姓名 TO	
寄件地址 ADDRESS		单位名称 COMPANY NAME	
		收件地址 ADDRESS	

文件 □ DOCUMENT	物品 □ PARCEL	如系物品，请据实填写内件名称及数量。如需保价，请据实申报保价金额并交纳保价费。 PLEASE SPECIFY THE CONTENTS AND AMOUNT OF THE PARCEL, DECLARE VALUE FOR CARRIAGE AND PAY THE APPROPRIATE CHARGE.	重量　　千克 WEIGHT　　KG	体积　长　L VOLUME　×宽 ×W 　　×高 ×H 　　= 厘米³ 　　= CM³

	保价 □ DECLARING A VALUE FOR CARRIAGE	保价金额：万 仟 佰 拾 元（大写） DECLARED VALUE FOR CARRIAGE	付款方式 MEANS OF PAYMENT	现金 □ CASH	协议结算 □ AGREEMENT

内件品名 NAME OF CONTENTS	数　量 AMOUNT		资费 CHARGE	￥	包装费 PACKAGING FEE	￥	保价费 CHARGE FOR DECLARED VALUE	1% □　2% □　3% □ 商定 AGREEMENT	￥
			费用总计 TOTAL	￥	资费 2 倍 CHARGE ×2		资费 5 倍 CHARGE ×5	商定 □ AGREEMENT	

特别声明 SPECIAL STATEMENT	非禁寄品 □ NON-PROHIBITED ARTICLES	易碎 □ FRAGILE	加急 □ URGENT	其他 □ OTHERS	非保价快件赔偿限额 COMPENSATION LIMITS FOR ARTICLES WITHOUT DECLARED VALUE	

寄件人签名： SENDER'S SIGNATURE Y 年　M 月　D 日　H 时	收寄人员签字： ACCEPTED BY (SIGNATURE)	收寄单位 业务专用章 Business Seal of the express service provider	收件人签名： RECEIVER'S SIGNATURE Y 年　M 月　D 日　H 时 证件：　　证件号： ID　　　　ID NO.	代签人签名： AUTHORIZED SIGNATORY Y 年　M 月　D 日　H 时 证件：　　证件号： ID　　　　ID NO.
			备注 REMARKS	

单号位置　填写本单前，务必阅读背面快递服务协议！您的签名意味着您理解并接受协议内容。
请正楷用力填写！
YOUR SIGNATURE INDICATES YOU HAVE READ, FULLY UNDERSTAND AND ACCEPT THE "DOMESTIC EXPRESS SERVICE AGREEMENT" ON THE BACK OF THIS FORM.

服务电话：　　　　　查询电话：　　　　　网址：

图 1-10　同城快递运单参考图样

项目 1　同城快递

同城快递详情单

寄件人姓名 FROM	李××	联系电话（非常重要） PHONE (VERY IMPORTANT)	1380000××××	收件人姓名 TO	赵××	联系电话（非常重要） PHONE (VERY IMPORTANT)	
单位名称 COMPANY NAME	××××学校			单位名称 COMPANY NAME			
寄件地址 ADDRESS	××市 A 区互助北路××号			收件地址 ADDRESS	C 区新鸟大厦		
文件□ DOCUMENT	物品□ PARCEL	如系物品，请按实填写内件名称及数量。如需保价，请据实申报保价金额并交纳保价费。 PLEASE SPECIFY THE CONTENTS AND AMOUNT OF THE PARCEL, DECLARE VALUE FOR CARRIAGE AND PAY THE APPROPRIATE CHARGE.		重量 WEIGHT	千克 KG	体积 VOLUME　长 L ×宽 W ×高 H = ×× 厘米³ CM³	
保价□ DECLARING A VALUE FOR CARRIAGE	保价金额： DECLARED VALUE FOR CARRIAGE	万 仟 佰 拾 元（大写）		付款方式 MEANS OF PAYMENT	现金□ CASH	协议结算□ AGREEMENT	
内件品名 NAME OF CONTENTS		数量 AMOUNT		资费 CHARGE	￥	包装费 PACKAGING FEE	￥	保价费 CHARGE FOR DECLARED VALUE	￥
递请函		1份		费用总计 TOTAL	￥			1%□　2%□　3%□ 商定 AGREEMENT	
特别声明 SPECIAL STATEMENT	非禁寄品□ NON-PROHIBITED ARTICLES	易碎□ FRAGILE	加急□ URGENT	其他□ OTHERS	收寄单位 业务专用章 Business Seal of the express service provider	非保价快件赔偿限额 COMPENSATION LIMITS FOR ARTICLES WITHOUT DECLARED VALUE	资费 2 倍□ CHARGE×2　　资费 5 倍□ CHARGE×5　　商定□ AGREEMENT
寄件人签名：李××		收寄人员签字： ACCEPTED BY (SIGNATURE)		收件人签名： RECEIVER'S SIGNATURE Y 年　M 月　D 日　H 时 证件：　　证件号： ID　　　　ID NO.		代签人签名： AUTHORIZED SIGNATORY Y 年　M 月　D 日　H 时 证件：　　证件号： ID　　　　ID NO.	
2017 Y 年 10 M 月 20 D 日 9 H 时 SENDER'S SIGNATURE				备注 REMARKS		网址：	

单号位置　填写本单前，务请阅读背面快递服务协议！您的签名意味着您理解并接受协议内容。
YOUR SIGNATURE INDICATES YOU HAVE READ, FULLY UNDERSTAND AND ACCEPT THE "DOMESTIC EXPRESS SERVICE AGREEMENT" ON THE BACK OF THIS FORM.
请正楷用力填写！
服务电话：　　　　查询电话：

图 1-11　寄件人李××填写的同城快递运单

快递业务操作

同城快递详情单

寄件人姓名 李×× FROM	联系电话（非常重要）1380034×××× PHONE (VERY IMPORTANT)	收件人姓名 赵×× TO	联系电话（非常重要）1398098×××× PHONE (VERY IMPORTANT)
单位名称 ××电子厂 COMPANY NAME		单位名称 ××电子销售公司 COMPANY NAME	
寄件地址 ADDRESS ××市A区互助北路××号		收件地址 ADDRESS 格林大厦 20××	

如系物品，请据实填写内件名称及数量。如需保价，请据实申报保价金额并支付保价费。PLEASE SPECIFY THE CONTENTS AND AMOUNT OF THE PARCEL, DECLARE VALUE FOR CARRIAGE AND PAY THE APPROPRIATE CHARGE.		重量 WEIGHT	千克 KG	体积 VOLUME	长 L ×宽 W ×高 H = 厘米^3 CM^3
保价金额： 万 仟 佰 拾 元（大写） DECLARED VALUE FOR CARRIAGE	数 量 AMOUNT	付款方式 MEANS OF PAYMENT	现金 □ CASH	协议结算 □ AGREEMENT	

资费 CHARGE	￥	包装费 PACKAGING FEE	￥
费用总计 TOTAL	￥		

非保价快件赔偿限额 COMPENSATION LIMITS FOR ARTICLES WITHOUT DECLARED VALUE	资费2倍 CHARGE ×2	资费5倍 CHARGE ×5	保价费 CHARGE FOR DECLARED VALUE	1% □ 2% □ 3% □	商定 □ 协议 □ AGREEMENT

收件人签名： RECEIVER'S SIGNATURE Y年 M月 D日 H时 证件： ID 证件号： ID NO.	代签人签名： AUTHORIZED SIGNATORY Y年 M月 D日 H时 证件： ID 证件号： ID NO.

特别声明 SPECIAL STATEMENT	非禁寄品 □ NON-PROHIBITED ARTICLES	易碎 □ FRAGILE	加急 □ URGENT	其他 □ OTHERS	收寄单位业务专用章 Business Seal of the express service provider
内件品名 NAME OF CONTENTS	电子元器件				
物品 □ PARCEL					
文件 □ DOCUMENT	保价 □	声明价值 □ DECLARING A VALUE FOR CARRIAGE			

寄件人签名： 李×× SENDER'S SIGNATURE

2017 Y年 10M月 20 D日 9H时

收寄人员签字： ACCEPTED BY (SIGNATURE)

备注 REMARKS

单号位置： 填写本单前，务必阅读背面快递服务协议！您的签名意味着您理解并接受协议内容。请正楷用力填写！

YOUR SIGNATURE INDICATES YOU HAVE READ, FULLY UNDERSTAND AND ACCEPT THE "DOMESTIC EXPRESS SERVICE AGREEMENT" ON THE BACK OF THIS FORM.

服务电话： 查询电话： 网址：

图1-12 寄件人李××填写的同城快递运单

项目1　同城快递

同城快递详情单

寄件人姓名 FROM	陈××	联系电话（非常重要） PHONE (VERY IMPORTANT)	1367890××××	收件人姓名 TO	赵××	联系电话（非常重要） PHONE (VERY IMPORTANT)	1398098××××
单位名称 COMPANY NAME				单位名称 COMPANY NAME	机场××公司		
寄件地址 ADDRESS	××市A区互助北路××小区22栋1单元501			收件地址 ADDRESS	机场第二航站楼		
文件□ DOCUMENT	物品☑ PARCEL	如系物品，请据实填写内件名称及数量。如需保价，请据实申报保价金额并支付保价费。 PLEASE SPECIFY THE CONTENTS AND AMOUNT OF THE PARCEL, DECLARE VALUE FOR CARRIAGE AND PAY THE APPROPRIATE CHARGE.	保价□ （大写）	万 千 佰 拾 元	重量 WEIGHT	千克 KG	体积 VOLUME	长 ×宽 ×高 ＝ L ×W ×H 厘米³ CM³
			保价金额： DECLARED VALUE FOR CARRIAGE		付款方式 MEANS OF PAYMENT	现金 CASH □		协议结算□ AGREEMENT
内件品名 NAME OF CONTENTS	玻璃文具		数 量 AMOUNT	1箱	资费 CHARGE	￥	包装费 PACKAGING FEE	￥
					费用总计 TOTAL	￥	非保价快件赔偿限额 COMPENSATION LIMITS FOR ARTICLES WITHOUT DECLARED VALUE	保价费 CHARGE FOR DECLARED VALUE ￥
特别声明 SPECIAL STATEMENT	非禁寄品☑ NON-PROHIBITED ARTICLES	易碎☑ FRAGILE	加急□ URGENT	其他□ OTHERS	收件人员签: ACCEPTED BY (SIGNATURE)	收寄单位 业务专用章 Business Seal of the express service provider	收件人签名： RECEIVER'S SIGNATURE Y年 M月 D日 H时 证件： ID NO. ID	资费2倍□ CHARGE×2 资费5倍□ CHARGE×5 1%□ 2%□ 3%□ 商定 AGREEMENT 商定□ AGREEMENT
寄件人签名：陈××							代签人签名： AUTHORIZED SIGNATORY Y年 M月 D日 H时 证件： ID NO.	
2017 Y年 10M月 20 D日 9H时							备注 REMARKS	

单号位置　填写本单前，务请阅读背面快递服务协议；您的签名意味着您理解并接受协议内容。
YOUR SIGNATURE INDICATES YOU HAVE READ, FULLY UNDERSTAND AND ACCEPT THE "DOMESTIC EXPRESS SERVICE AGREEMENT" ON THE BACK OF THIS FORM.
请正楷用力填写！
服务电话：　　　　　　　　　　　　　查询电话：　　　　　　　　　　　　　网址：

图1-13　指导陈××填写的同城快递运单

快递业务操作

同城快递详情单

寄件人姓名 FROM	李××	联系电话（非常重要） PHONE (VERY IMPORTANT)	138000××××	收件人姓名 TO	赵××	联系电话（非常重要） PHONE (VERY IMPORTANT)	1398900××××
单位名称 COMPANY NAME	×× 学校			单位名称 COMPANY NAME	×× 某饰公司		
寄件地址 ADDRESS	×× 市 A 区 互助北路 ×× 号			收件地址 ADDR	C 区 新鸟大厦 1502		

文件☑ DOCUMENT	物品☐ PARCEL	如系物品，请据实填写内件名称及数量。如需保价，请据实申报保价金额并支纳保价费。 PLEASE SPECIFY THE CONTENTS AND AMOUNT OF THE PARCEL, DECLARE VALUE FOR CARRIAGE AND PAY THE APPROPRIATE CHARGE.	重量 WEIGHT	千克 KG	体积 VOLUME	长 L ×宽 W ×高 H	厘米³ CM³
		保价☐ DECLARING A VALUE FOR CARRIAGE	保价金额：（大写） 万 仟 佰 拾 元 DECLARED VALUE FOR CARRIAGE		付款方式 MEANS OF PAYMENT	现金☐ CASH	协议结算☐ AGREEMENT
内品名 NAME OF CONTENTS			数量 AMOUNT 1份		资费 CHARGE ¥	包装费 PACKAGING FEE ¥	保价费 CHARGE FOR DECLARED VALUE ¥
递请函					费用总计 TOTAL ¥	资费 2 倍 CHARGE×2 = 资费 5 倍 CHARGE×5 =	1%☐ 2%☐ 3%☐ 商定☐ AGREEMENT 商定 AGREEMENT
特别声明 SPECIAL STATEMENT	非禁寄品☐ NON-PROHIBITED ARTICLES	易碎☐ FRAGILE	加急☐ URGENT	其他☐ OTHERS	非保价快件赔偿限额 COMPENSATION LIMITS FOR ARTICLES WITHOUT DECLARED VALUE		
寄件人签名：SENDER'S SIGNATURE 李×× 2017Y 年 10M 月 20D 日 9 H 时		收寄人员签字： ACCEPTED BY (SIGNATURE)	收寄单位 业务专用章 Business Seal of the express service provider		收件人签名： RECEIVER'S SIGNATURE Y 年 M 月 D 日 H 时 证件：ID 证件号：ID NO.	代签人签名： AUTHORIZED SIGNATORY Y 年 M 月 D 日 H 时 证件：ID 证件号：ID NO.	
					备注 REMARKS		

单号位置 填写本单前，务清阅读背面快递服务协议！您的签名意味着您理解并接受协议内容。
YOUR SIGNATURE INDICATES YOU HAVE READ, FULLY UNDERSTAND AND ACCEPT THE "DOMESTIC EXPRESS SERVICE AGREEMENT" ON THE BACK OF THIS FORM.
清正楷用力填写！
服务电话： 查询电话： 网址：

图 1-14 指导李×× 填写的同城快递运单

项目1　同城快递

同城快递详情单

寄件人姓名 FROM	耿××	联系电话（非常重要） PHONE (VERY IMPORTANT)	1367890××××	收件人姓名 TO	耿××	联系电话（非常重要） PHONE (VERY IMPORTANT)	1398088××××
单位名称 COMPANY NAME	××物流公司			单位名称 COMPANY NAME	××货代公司		
寄件地址 ADDRESS	××市A区互助北路××号			收件地址 ADDRESS	C区海景大厦1213		
文件□ DOCUMENT	物品☑ PARCEL	如系物品，请据实填写内件名称及数量。如需保价，请据实申报保价金额并交纳保价费。PLEASE SPECIFY THE CONTENTS AND AMOUNT OF THE PARCEL, DECLARE VALUE FOR CARRIAGE AND PAY THE APPROPRIATE CHARGE.	保价金额：（大写）　万　仟　佰　拾　元 DECLARED VALUE FOR CARRIAGE	重量 WEIGHT	千克 KG	体积 长 ×宽 ×高 = VOLUME L ×W ×H =	厘米³ CM³
			保价 DECLARING A VALUE FOR CARRIAGE	付款方式 MEANS OF PAYMENT	现金□ CASH	包装费 PACKAGING FEE	¥
内件品名 NAME OF CONTENTS	海运正本提单		数量 AMOUNT	4份	资费 CHARGE	¥	保价费 CHARGE FOR DECLARED VALUE　¥ 1%□ 2%□ 3%□ 协议结算□ 商定AGREEMENT AGREEMENT
特别声明 SPECIAL STATEMENT	非禁寄品□ NON-PROHIBITED ARTICLES	易碎□ FRAGILE	加急□ URGENT	其他□ OTHERS	费用总计 TOTAL ¥	资费2倍 CHARGE×2	资费5倍 CHARGE×5 商定AGREEMENT
			收件人员签字：ACCEPTED BY (SIGNATURE)	收客单位业务专用章 Business Seal of the express service provider	非保价快件赔偿限额 COMPENSATION LIMITS FOR ARTICLES WITHOUT DECLARED VALUE	收件人签名：RECEIVER'S SIGNATURE Y年 M月 D日 H时 证件：ID 证件号：ID NO.	代签人签名：AUTHORIZED SIGNATORY Y年 M月 D日 H时 证件：ID 证件号：ID NO.
寄件人签名：SENDER'S SIGNATURE 2017 Y年 10M月 20 D日 10H时 耿××					备注 REMARKS		

单号位置 填写本单前，务请阅读背面快递服务协议！您的签名意味着您理解并接受协议内容。
YOUR SIGNATURE INDICATES YOU HAVE READ, FULLY UNDERSTAND AND ACCEPT THE "DOMESTIC EXPRESS SERVICE AGREEMENT" ON THE BACK OF THIS FORM.
请正楷用力填写！
服务电话：　查询电话：　网址：

图1-15　指导段××填写的同城快递运单

快递业务操作

同城快递详情单

寄件人姓名 FROM	张××	联系电话（非常重要）1380034×××× PHONE (VERY IMPORTANT)	收件人姓名 TO	崔××	联系电话（非常重要）1398098×××× PHONE (VERY IMPORTANT)
单位名称 COMPANY NAME	××电子厂		单位名称 COMPANY NAME	××电子销售公司	
寄件地址 ADDRESS	××市A区互助北路××号		收件地址 ADDRESS	A区格林大厦20××	
物品☑ PARCEL	如系物品，请据实填写内件名称及数量。如需保价，请据实申报保价金额并交纳保价费。 PLEASE SPECIFY THE CONTENTS AND AMOUNT OF THE PARCEL, DECLARE VALUE FOR CARRIAGE AND PAY THE APPROPRIATE CHARGE.		重量 WEIGHT		千克 KG
保价☐ DECLARING A VALUE FOR CARRIAGE	保价金额：万　仟　佰　拾　元 （大写） DECLARED VALUE FOR CARRIAGE		体积 VOLUME	长 ×宽 ×高 L ×W ×H	= 厘米³ = CM³
内件品名 NAME OF CONTENTS	数　量 AMOUNT		付款方式 MEANS OF PAYMENT	现金☐ CASH	协议结算☐ AGREEMENT
电子元器件	100个		资费 CHARGE	¥	包装费☐ ¥ PACKAGING FEE
			费用总计 TOTAL	¥	保价费 CHARGE FOR DECLARED VALUE 1%☐ 2%☐ 3%☐ 商定 AGREEMENT ¥_____
特别声明 SPECIAL STATEMENT	非禁寄品☑ NON-PROHIBITED ARTICLES	易碎☐　加急☐　其他☐ FRAGILE URGENT OTHERS	非保价快件赔偿限额 COMPENSATION LIMITS FOR ARTICLES WITHOUT DECLARED VALUE	资费2倍☐ 资费5倍☐ 商定☐ CHARGE×2 CHARGE×5 AGREEMENT	
寄件人签名：张×× SENDER'S SIGNATURE 2017 Y年 10 M月 20 D日 9 H时		收寄人员签字： ACCEPTED BY (SIGNATURE)	收件人签名： RECEIVER'S SIGNATURE Y年 M月 D日 H时 证件：　　证件号： ID　　　　 ID NO.	代签人签名： AUTHORIZED SIGNATORY Y年 M月 D日 H时 证件：　　证件号： ID　　　　 ID NO.	
		收寄单位 业务专用章 Business Seal of the express service provider	备注 REMARKS		

单号位置　填写本单前，务请阅读背面快递服务协议！您的签名意味着您理解并接受协议内容。
YOUR SIGNATURE INDICATES YOU HAVE READ, FULLY UNDERSTAND AND ACCEPT THE "DOMESTIC EXPRESS SERVICE AGREEMENT" ON THE BACK OF THIS FORM.
请正楷用力填写！
服务电话：　　　查询电话：　　　网址：

图1-16 指导张××填写的同城快递运单

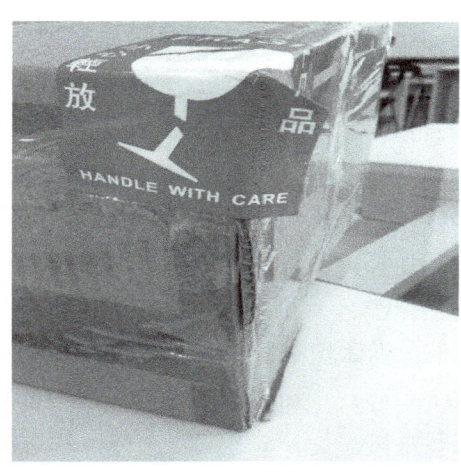

图 1-17 易碎标签

某快递企业同城快递运价表见表 1-1。

表 1-1 某快递企业同城快递运价表 （单位：元）

快递区域	信件类快件	包裹类快件			
		首重	续重小于等于 5 千克	大于 5 千克小于等于 50 千克	50 千克以上
规格	小于等于 1 千克	1 千克	每 1 千克		
同区	8	7	2	1.5	1
跨区	12	10	2.5	2	1.5

假如在××市 A 区互助北路××小区 22 栋 1 单元 501 处使用磅秤称出快件重量为 19.3 千克，根据快件重量的取数规则是舍位取整加 1，最小计量单位为 1，所以重量取数为 20 千克。用卷尺量得长、宽、高为 60 厘米、39.3 厘米、24.7 厘米，对于轻泡快件，量取快件各边长度时，最小单位为 1 厘米。例如 7.1 厘米按照 8.0 厘米计算，所以长、宽、高取数分别为 60 厘米、40 厘米、25 厘米。根据实际重量（一票快件包括包装在内的实际总重量，即磅秤上直接读取的重量）与体积重量（使用快牛的最长、最宽、最高长度，通过规定的公式计算出来的重量）比较，取其较大者为计费重量。

根据轻泡快件重量计算公式得出体积重量：

体积重量 = 长（厘米）× 宽（厘米）× 高（厘米）÷ 6000 = 60 × 40 × 25 ÷ 6000 = 10（千克）

由于 19.3 千克 >10 千克，所以计费重量取为 20 千克；

资费 = 首重运费 + 续重资费 × 续重个数 = 10+19×2 = 48（元）。

在运单上填写重量，长、宽、高，选择付款方式，填写资费、包装费和费用总额，收取费用后，予以签收，并盖收寄单位业务专用章，最后将寄件人联取下与发票一并交给陈××，收派员填写后的运单如图 1-18 所示。

在××市 A 区互助北路××号，××学校李××那里，指导李××填写运单时，同时将邀请函封装入文件封，称重量，填写资费，收取费用后，予以签收，并盖收寄单位业务专用章。最后将寄件人联取下与发票一并交给李××，收派员填写后的运单如图 1-19 所示。

快递业务操作

在××市A区互助北路××号××物流公司段××那里，指导段××填写运单的同时，将4份海运正本提单封装入文件封，称重量，填写资费，收取费用后，收派员签收，并盖收寄单位业务专用章。最后将寄件人联取下与发票一并交给段××，收派员填写后的运单如图1-20所示。

××市A区互助北路××号××电子厂张××处，指导张××填写运单的同时，对成箱的电子元器件点数后，由张××贴封条，并建议张××保价，保价费率为1%，快递过程中一定要保证外包装完好无损。使用磅秤称出重量为9千克，用卷尺量得长、宽、高为60厘米、40厘米、25厘米，则体积重量为60×40×25÷6000=10千克，则计费重量为10千克。资费=7+1.5×9=20.5（元），保价费=10000×1%=100（元）。

收派员应该在运单上填写重量，长、宽、高，选择付款方式，填写资费、保价费和费用总额，收取费用后，收派员签收，并盖收寄单位业务专用章。最后将寄件人联取下与发票一并交给张××。收派员填写后的运单如图1-21所示。

> **知识链接**
>
> 快件重量的取数规则是舍位取整，最小计量单位为1。
>
> 对于轻泡快件，量取快件各边长度时，最小单位为1厘米。例如，7.1厘米按照8.0厘米计算，7.8厘米按照8.0厘米计算。
>
> 读取实际重量或计算体积重量时，最小的计重单位为1千克。例如，8.1千克按照9.0公斤计算，8.7千克按照9.0千克计算。
>
> 实际重量是指一票需要投递的快件包括包装在内的实际总重量，即计重秤上直接读取的重量。体积重量是指使用快件的最长、最宽、最高，通过规定的公式计算出来的重量。当需寄递物品体积较大而实重较轻时，因运输工具（飞机、火车、汽车等）承载能力及能装载物品体积所限，需采取量取物品体积折算成重量的办法作为计算资费的重量，即计费重量。
>
> 国际航空运输协会规定的轻泡快件重量计算公式为：
>
> 长（厘米）×宽（厘米）×高（厘米）÷6000=体积重量（千克）

想一想

不规则快件如何量长、宽、高，计算体积重量？

练一练

收派员收到两票快件，请进行收件操作，结果填到表1-2里。资费标准：首重为1千克，首重价格为10元，续重价格为每千克4元。快件由学员互相提供。

表1-2 快件信息表

品名	数量	实际重量	长	宽	高	体积重量	计费重量	资费（元）

项目 1　同城快递

同城快递详情单

寄件人姓名 FROM	陈××	联系电话（非常重要）PHONE (VERY IMPORTANT)	1367890××××	收件人姓名 TO	赵××	联系电话（非常重要）PHONE (VERY IMPORTANT)	1398098××××
单位名称 COMPANY NAME				单位名称 COMPANY NAME	机场××公司		
寄件地址 ADDRESS	××市A区互助北路××小区22栋1单元501			收件地址 ADDRESS	机场第二航站楼		

物品 ☑ PARCEL	如系物品，请据实填写内件名称及数量。如需保价，请据实申报保价金额并支付纳保价费。PLEASE SPECIFY THE CONTENTS AND AMOUNT OF THE PARCEL, DECLARE VALUE FOR CARRIAGE AND PAY THE APPROPRIATE CHARGE.	重量 WEIGHT	20 千克 KG	体积 VOLUME	长 60 × 宽 40 × 高 25 L × W × H = 60000 厘米³ CM³
文件 □ DOCUMENT		付款方式 MEANS OF PAYMENT	现金 ☑ CASH	协议结算 ☐ AGREEMENT	

保价 ☐ DECLARING A VALUE FOR CARRIAGE	保价金额：（大写）万 仟 佰 拾 元 DECLARED VALUE FOR CARRIAGE	资费 CHARGE	¥48	包装费 PACKAGING FEE	¥6	保价费 CHARGE FOR DECLARED VALUE	¥
内件品名 NAME OF CONTENTS	数量 AMOUNT	费用总计 TOTAL	¥54			1% ☐　2% ☐　3% ☐ 商定 AGREEMENT	
玻璃文具	1箱	非保价快件赔偿限额 COMPENSATION LIMITS FOR ARTICLES WITHOUT DECLARED VALUE	资费2倍 ☑ CHARGE×2	资费5倍 ☐ CHARGE×5	商定 ☐ AGREEMENT		

特别声明 SPECIAL STATEMENT	非常寄品 ☑ NON-PROHIBITED ARTICLES	易碎 ☑ FRAGILE	加急 ☐ URGENT	其他 ☐ OTHERS	收件人签名： RECEIVER'S SIGNATURE	Y年　M月　D日　H时 证件：　　　证件号： ID　　　　　ID NO.
寄件人签名 SENDER'S SIGNATURE	陈×× ACCEPTED BY (SIGNATURE)	收寄单位 业务专用章 Business Seal of the express service provider			代签人签名： AUTHORIZED SIGNATORY	Y年　M月　D日　H时 证件：　　　证件号： ID　　　　　ID NO.
2017 Y年 10M月 20 D日 9H时					备注 REMARKS	

单号位置 填写本单前，务请阅读背面快递服务协议！您的签名意味着您理解并接受协议内容。 查询电话：　　　　网址：
YOUR SIGNATURE INDICATES YOU HAVE READ, FULLY UNDERSTAND AND ACCEPT THE "DOMESTIC EXPRESS SERVICE AGREEMENT" ON THE BACK OF THIS FORM.
请正楷用力填写！
服务电话：

图1-18　收寄人员签章后的同城快递运单

快递业务操作

同城快递详情单

寄件人姓名 FROM	李××	联系电话（非常重要）PHONE (VERY IMPORTANT)	1380000××××	收件人姓名 TO	赵××	联系电话（非常重要）PHONE (VERY IMPORTANT)	1398900××××
单位名称 COMPANY NAME	×× 学校			单位名称 COMPANY NAME	×× 装饰公司		
寄件地址 ADDRESS	×× 市 A 区互助北路 ×× 号			收件地址 ADDRESS	C 区新乌大厦 1502		

| 文件 □ DOCUMENT | 物品 □ PARCEL | 如系物品，请据实填写内件名称及数量。如需保价，请据实申报保价金额并支纳保价费。PLEASE SPECIFY THE CONTENTS AND AMOUNT OF THE PARCEL, DECLARE VALUE FOR CARRIAGE AND PAY THE APPROPRIATE CHARGE. | 保价 □ DECLARING A VALUE FOR CARRIAGE | 保价金额：（大写） 万 仟 佰 拾 元 DECLARED VALUE FOR CARRIAGE | 重量 0.1 WEIGHT 千克 KG | 体积 VOLUME 长 L × 宽 W × 高 H = CM³ | 协议结算 □ AGREEMENT |

| 内件品名 NAME OF CONTENTS | | | | | 数量 AMOUNT | 付款方式 MEANS OF PAYMENT | 现金 □ CASH | | 协议结算 □ AGREEMENT |
| 递请函 | | | | | 1 份 | | | | |

特别声明 SPECIAL STATEMENT	非寄品 □ NON-PROHIBITED ARTICLES	易碎 □ FRAGILE	加急 □ URGENT	其他 □ OTHERS	资费 CHARGE	¥12	包装费 PACKAGING FEE	¥	保价费 CHARGE FOR DECLARED VALUE	¥
					费用总计 TOTAL	¥12	资费 2 倍 □ CHARGE ×2		1% □ 2% □ 3% □ 商定 AGREEMENT	
					非保价快件赔偿限额 COMPENSATION LIMITS FOR ARTICLES WITHOUT DECLARED VALUE		资费 5 倍 □ CHARGE ×5		商定 □ AGREEMENT	

| 收寄单位业务专用章 Business Seal of the express service provider | 收件人员签名：SENDER'S SIGNATURE Y 年 M 月 D 日 H 时 证件：ID 证件号：ID NO. | 代签人签名：AUTHORIZED SIGNATORY Y 年 M 月 D 日 H 时 证件：ID 证件号：ID NO. |
| 收寄人员签章 ACCEPTED BY (SIGNATURE) 陈×× | 备注 REMARKS | |

寄件人签名：SENDER'S SIGNATURE 李×× 2017 Y 年 10 M 月 20 D 日 9 H 时

单号位置　填写本单前，务请阅读背面快递服务协议！您的签名意味着您理解并接受协议内容。　请正楷用力填写！

YOUR SIGNATURE INDICATES YOU HAVE READ, FULLY UNDERSTAND AND ACCEPT THE "DOMESTIC EXPRESS SERVICE AGREEMENT" ON THE BACK OF THIS FORM.

服务电话：　　　　查询电话：　　　　网址：

图 1-19　收寄人员签章后的同城快递运单

同城快递详情单

寄件人姓名 FROM	赵××	联系电话（非常重要）PHONE (VERY IMPORTANT)	1367890××××	收件人姓名 TO	赵××	联系电话（非常重要）PHONE (VERY IMPORTANT)	1398088××××
单位名称 COMPANY NAME	××物流公司			单位名称 COMPANY NAME	××贸代公司		
寄件地址 ADDRESS	××市A区互助北路×××号			收件地址 ADDRESS	C区崎景大厦1213			

物品□ PARCEL	如系物品，请据实填写内件名称及数量。如需保价，请据实申报你的金额并交纳保价费。PLEASE SPECIFY THE CONTENTS AND AMOUNT OF THE PARCEL, DECLARE VALUE FOR CARRIAGE AND PAY THE APPROPRIATE CHARGE.	重量 WEIGHT	0.8 千克 KG	体积 VOLUME	长 L ×宽 W ×高 H = 厘米³ CM³
文件☑ DOCUMENT	保价□ DECLARING A VALUE FOR CARRIAGE	保价金额：（大写） 万 仟 佰 拾 元 DECLARED VALUE FOR CARRIAGE	付款方式 MEANS OF PAYMENT	现金☑ CASH	协议结算□ AGREEMENT
内件品名 NAME OF CONTENTS		数量 AMOUNT	4份	资费 CHARGE	¥12	包装费 PACKAGING FEE	¥	保价费 CHARGE FOR DECLARED VALUE	¥
海运正本提单				费用总计 TOTAL	¥12			1%□ 2%□ 3%□ 商定 AGREEMENT

特别声明 SPECIAL STATEMENT	非禁寄品□ NON-PROHIBITED ARTICLES	易碎□ FRAGILE	加急□ URGENT	其他□ OTHERS	非保价快件赔偿限额 COMPENSATION LIMITS FOR ARTICLES WITHOUT DECLARED VALUE	资费2倍☑ CHARGE ×2	资费5倍□ CHARGE ×5	商定 AGREEMENT
		收寄人员签章：ACCEPTED BY (SIGNATURE) 陈××		收寄单位业务专用章 Business Seal of the express service provider	收件人签名：RECEIVER'S SIGNATURE 证件：ID Y年 M月 D日 H时 证件号：ID NO.	代签人签名：AUTHORIZED SIGNATORY 证件：ID Y年 M月 D日 H时 证件号：ID NO.

寄件人签名：SENDER'S SIGNATURE 赵××
2017 Y年 10 M月 20 D日 10 H时

备注 REMARKS

单号位置 填写本单前，务请阅读背面快递服务协议！您的签名意味着您理解并接受协议内容。
YOUR SIGNATURE INDICATES YOU HAVE READ, FULLY UNDERSTAND AND ACCEPT THE "DOMESTIC EXPRESS SERVICE AGREEMENT" ON THE BACK OF THIS FORM.
请正楷用力填写！

服务电话： 查询电话： 网址：

图1-20 收寄人员签章后的同城快递运单

快递业务操作

同城快递详情单

寄件人姓名 FROM	张××	联系电话（非常重要）PHONE (VERY IMPORTANT)	1380034××××	收件人姓名 TO	张××	联系电话（非常重要）PHONE (VERY IMPORTANT)	1398098××××
单位名称 COMPANY NAME	××电子厂			单位名称 COMPANY NAME	××电子销售公司		
寄件地址 ADDRESS	××市A区互助北路×××号			收件地址 ADDRESS	A区格林大厦20××		

文件 □ DOCUMENT 物品 ☑ PARCEL	如系物品，请据实填写内件名称及数量。如需保价，请据实申报保价金额并支纳保价费。PLEASE SPECIFY THE CONTENTS AND AMOUNT OF THE PARCEL, DECLARE VALUE FOR CARRIAGE AND PAY THE APPROPRIATE CHARGE.	重量 WEIGHT	9 千克 KG	体积 VOLUME	长 60 L ×宽 40 W ×高 25 H = 60000 厘米³ = CM³
	保价 ☑ DECLARING A VALUE FOR CARRIAGE	保价金额：壹万零仟壹佰零拾零元（大写）DECLARED VALUE FOR CARRIAGE		付款方式 MEANS OF PAYMENT	现金 ☑ CASH	协议结算 □ AGREEMENT

内件品名 NAME OF CONTENTS	数量 AMOUNT	资费 CHARGE	¥20.5	加急费 URGENCY SURCHARGE	¥	包装费 PACKAGING FEE	¥	保价费 CHARGE FOR DECLARED VALUE	¥100
电子元器件	100个	费用总计 TOTAL	¥120.5			资费5倍 CHARGE×5		1% ☑ 2% □ 3% □ 商定 AGREEMENT	商定 □ AGREEMENT

特别声明 SPECIAL STATEMENT	非紧寄品 ☑ NON-PROHIBITED ARTICLES	易碎 □ FRAGILE	加急 □ URGENT	其他 □ OTHERS	非保价快件赔偿限额 COMPENSATION LIMITS FOR ARTICLES WITHOUT DECLARED VALUE	资费2倍 CHARGE×2	代签人：AUTHORIZED SIGNATORY
					收件人签名：RECEIVER'S SIGNATURE Y年 M月 D日 H时 证件： ID NO.		Y年 M月 D日 H时 证件： ID NO.
寄件人签名：SENDER'S SIGNATURE 2017 Y年 10 M月 20 D日 9 H时	张×× 收寄人员签章：陈×× ACCEPTED BY (SIGNATURE)		收寄单位业务专用章 Business Seal of the express service provider		备注 REMARKS		

单号位置 填写本单前，务请阅读背面快递服务协议！您的签名意味着您理解并接受协议内容。

YOUR SIGNATURE INDICATES YOU HAVE READ, FULLY UNDERSTAND AND ACCEPT THE "DOMESTIC EXPRESS SERVICE AGREEMENT" ON THE BACK OF THIS FORM.

请正楷用力填写！

服务电话： 查询电话： 网址：

图1-21 收寄人员签章后的同城快递运单

项目 1　同城快递

5. 将快件装入快件背包、自行车电动车上的快件口袋、捆扎在自行车或电动车尾架上或装到三轮车或微型货车上

收派员将快件装入随身携带的背包或自行车、电动车上的快件包。如果需要可在自行车或电动自行车尾架上按大不压小、重不压轻的原则排序快件并进行捆扎。快件件数较多时，须使用面积较大的板以拓宽自行车或电动车尾架的面积，便于捆扎快件。首先将尾板捆绑牢固，然后将快件按照先派在上、后派在下的顺序捆扎在尾板上，注意尾板不可加得太长或太宽，以免自行车或电动自行车行驶时妨碍路人或车辆，带来危险。也可在自行车或电动自行车尾架两侧安装侧板，并加装快件口袋，以利于自行车或电动自行车安全平稳、多装载快件。如果快件过大或过重，不适宜用自行车或电动车装载，可装载到三轮车或微型货车上，仍不能满足道路交通许可，可采用中型货车或大型货车。

> **知识链接**
>
> 捆扎前，检查快件的重心是否偏移，如重心偏移，须重新摆放快件再进行捆扎。捆扎时，也应注意对快件进行轻重搭配，保持自行车平衡，避免重心偏移。
>
> 注意捆扎力度，捆扎须确保快件捆扎牢固，同时力度也不要太大，避免勒坏快件包装。
>
> 雨雪雾天气捆扎快件时，注意在快件上加盖防雨用具，如雨布、雨衣、塑料薄膜等。
>
> 如为不规则快件，注意捆扎方式，如快件较长，注意与车辆长度平行捆扎，不能横着捆扎，以免阻碍路人或车辆行走。
>
> 对于特别大、特别重的，超出收派员运载能力的快件，应由专门的派送车辆和人员负责。
>
> 表面有突出钉、钩、刺的快件，需单独携带，不得与其他快件一起捆扎。
>
> 采用有窗的面包车或微型货车装载快件时，要用铁丝网或木板封闭窗口，以保证快件的安全。

□ 想一想

二十票文件类快件是否需要捆扎在自行车尾架上？如不需要，应怎样携带？

□ 练一练

先对箱形快件进行防雨包装，然后用布带将快件捆扎在自行车尾架或尾架模型上。

6. 将快件交到营业网点

将快件及资费款项交到营业网点，营业网点工作人员核对单、货和款项，在交接清单上签收，将一联交给收派员。

7. 营业网点收到的快件运输到分拨中心，分拨中心工作人员将各营业网点收到的快件按收件人地址所属的营业网点分拣并建立总包

营业网点仓管员对各派送段交来的快件进行信息录入，生成运输到分拨中心的收件清单。将快件装载到发往分拨中心的运输车辆上，并与司机交接。各营业网点所收快件运输到分拨中心分拣场地，分拨中心工作人员按收件人地址所属营业网点分拣并建立总包。

8. 将快件总包运输到各营业网点，各营业网点仓管员按派送段分拣，生成派件交接单交接给收派员

分拨中心工作人员将快件总包装载到运输车辆上，司机签收交接后运输到各营业网点。营业网点仓管员接收快件总包和快件并与司机交接后，根据收件人所属的派送段进行分拣（见图1-22和图1-23）。分拣完毕，生成派件交接单，将各派送段需派送的快件交接给收派员。

图1-22　包裹分拣场地

图1-23　文件分拣格架

9. 收派员整理需派送快件并安排派送顺序和时点

所属派送段的收派员在所属营业网点领到需要派送的快件后，根据收件时间、需派送快件的重量、收件的路线等，安排派件顺序。当派件与收件冲突时，先派件，后收件。

> **知识链接**
>
> 快件排序是指收派员为安全、高效、准确地完成快件派送，结合快件派送路线及快件时效要求，将本次需要派送的快件按照准确、及时的原则进行整理、排列。对快件进行合理的排序是快件实现高效率派送的基础。
>
> 对快件可根据优先快件或特殊业务排序、根据快件时效排序、根据由近而远地址排序、根据快件大小排序。
>
> 根据优先快件或特殊业务排序是优先对有特殊要求的快件进行排序。如等通知派送的快件，客户有较严格的时间要求，可能具体到某天，也可能具体到一天中的某一小时，必须根据客户要求的时间及时派送；保价快件一般具有高价值、易碎、对客户有较高重要性等特点，随身携带的时间越长，遗失或破损的概率越大，对于客户、快递企业以及

收派员而言，都存在较大的风险，因此为了降低风险，对于此部分快件可优先派送。

根据快件时效排序是将派送时效要求相同或相近的快件放到一起，先排列时效要求高的快件，再排列时效要求低的快件。

根据由近而远地址排序是按照派送段由近及远的顺序将快件排列、整理。此条原则主要是基于派送的总时间考虑，选择由近及远的方式派送，不仅可以节省劳动强度，也可节省派送时间。

根据快件大小排序时大件优先派送，可以减轻收派员派送的劳动强度。

想一想

收派员派送价值昂贵的包裹时，怎样保证快件安全？

练一练

根据图 1-4，收派员在××广场收到营业网点分拨的需要派送的五票快件。快件信息见表 1-3。

表 1-3　快件信息表

运单号	品名	重量/千克	长、宽、高/厘米	收件人地址
××2000234461	邀请函	0.1		××学校
××2000234417	玻璃灯具	10	40、30、20	××小区 17 栋 A 座 601
××2000234412	IC 芯片 1000 片保价	4	30、20、10	××电子厂
××2000234402	提货单	0.1		××物流公司
××2000234489	月饼	2	25、20、5	××小区 19 栋 1 单元 402

请安排派件顺序，并说明理由。

10. 电话或短信联系收件人

根据派件顺序电话或短信联系收件人，约定收件时间及做好收件准备，如接收电子元器件的收件人需要准备身份证原件或其他有效证件，供收派员核实收件人身份使用。

11. 派送并指导收件人正确签收快件

格林大厦的收派员核实完收件人赵××身份后，请赵××签名，并写下身份证号码，收派员核对无误后，将签收联取下，以备交回营业网点，电子元器件交给收件人，赵××签收后的运单如图 1-24 所示。新岛大厦的收派员找到××装饰公司赵××后，让赵××签收后，将签收联取下，以备交回营业网点，文件交给收件人，赵××签收后的运单如图 1-25 所示。C 区新岛大厦的收派员在新岛大厦将快件送完后，用 20 分钟到达海景大厦 1213，核对赵××身份证，赵××签收，并写下身份证号码。收派员核对后，将签收联取下，快件交给收件人，如果单位签收，则要求单位在运单上盖章，收件人签名，赵××签收后的运单如图 1-26 所示。

> **知识链接**
>
> 　　快件派送前，收派员先识别快件派送地址。如果该客户是老客户，且运单上的地址属于固定的办公地址，可不经过电话联系，直接上门派送。如果客户地址是酒店、宾馆、车站、场馆等临时场所或学校、住宅小区的，应在快件派送前致电客户，询问客户的具体地址和客户地址处是否有人签收快件。
>
> 　　快件派送前，若有代收货款业务快件，结算方式为现金结算且金额较大，则需提前通知客户，告知客户应付金额，提请客户准备应付款项。
>
> 　　实现门到门快件派送服务的时候，对尚未派送且无法随身携带的快件应做安全保管。为此，业务员应严格按照以下几项原则操作：
>
> 　　1）小件不离身的原则。对于体积较小的快件，严格按照捆扎或集装要求，将快件装入随身携带的背包或挎包内，确保件不离身。
>
> 　　2）零散快件集装携带的原则。对于不能装入包内，也不便于捆扎的快件，使用集装袋集装快件，集装袋须随身携带。如集装袋较重，可借助小推车等工具。
>
> 　　3）大件不离视线的原则。对于体积较大不能装入背包或挎包，且无法随身携带的快件，交通工具也没有密封条件的，在派送过程中，要保证快件不离开视线4米范围内。不能将快件单独放置在无人看管的地方。如确实无法随身携带，且要离开视线，须将快件妥善放置或安排人员看管快件。
>
> 　　使用汽车派送时，业务员应锁好汽车门窗，并在离开运输工具前用手再次拉动车门手把或推动窗户，确保门窗全部锁好。使用带尾箱的摩托车派送时，离开前应检查摩托车尾箱是否锁好，用手拉一下锁，确保已经锁牢。
>
> 　　收派员将快件派送到客户处，为了快件的安全，防止他人冒领，应在核实客户身份后方能派送。收派员应该要求查看收件人的有效证件，并核实客户名称与运单上填写的内容是否一致。如果客户没有随身携带有效证件，收派员应根据运单上收件人的电话号码与客户联系，确认收件人。
>
> 　　有效证件指政府主管部门规定的，能够证明身份的证件。居民身份证、户口簿、护照是客户领取快件的有效证件。
>
> 　　收派员将快件派送到客户处，如果客户不在，收派员必须根据运单记载的收件人电话，及时与收方客户进行联系。
>
> 　　如与收方客户取得联系，且收方客户指定其他人代签收的，需仔细查看代收人有效身份证件，待确认代收人的身份后，交由代收人签收快件，同时应告知代收人的代收责任。
>
> 　　若收方客户不指定代收人，则与客户约定再次派送时间并在运单或快件上注明。若约定时间在当班次内，按约定时间上门派送；若约定时间超出当班次时间，将快件带回派送处理点交相关人员跟进。
>
> 　　若收派员未能与收方客户取得联系，需要留下派送通知单，告知客户快件曾经派送。派送通知单应包括收派员名称、联系电话、本次派送时间、下次派送时间、快件单号等内容（只能安排两次免费派送，超过两次，需要客户自提快件或承诺支付派件费用后再派送）。下面为派送通知单样例：

项目 1　同城快递

```
                    派送通知单
    _____先生/小姐，您好：
        由_____寄给您的单号为_____的快件已到，于___月___日___时
    第___次派送，因无人签收，现带回公司。第___次派送时间为___月___日___时，请
    注意接收。如有紧急派送需求，请联系收派员。
        特此告知。
                                            收派员：_____
                                            联系电话：_____
```

若收方客户身份无误，收派员应在将快件递交给收方客户的同时提请客户对快件外包装的完好性进行检查。如果是一票多件快件，需提醒客户清点快件件数，快件的实际件数须与运单上所填写的件数一致。

若因快件外包装破损或其他原因客户拒绝签收快件，收派员应礼貌地向客户做好解释工作，并收回快件。同时请客户在快递运单等有效单据上注明拒收原因和时间，并签名。

客户签收快件可采取手工签字、盖章签署、电子签收三种方式。无论采取哪一种方式，客户都应在外包装检查完好的情况下签字，而不能在打开外包装后再签字。

第一种是手工签字，收派员应该礼貌地请客户在收件人签署栏，用正楷字写上收件人的全名和收件日期。如客户的签名无法清晰辨认，收派员应该再次询问收件人的全名，并用正楷字在客户签名旁边注上收件人的全名。任何时候收派员都不得替代客户签字。填写收件日期时应当详细到具体的时分，填写格式为××月××日××时××分。

第二种是盖章签署，如收件人选择用盖章替代签字，则请收件人在运单的收件人签收栏盖上代表收件人身份的印章，同时在日期栏写上具体的收件日期。

盖章时要注意，每一联运单都必须在收件人签署栏盖章，且是同一个章，即确保每一联运单的盖章保持一致。如印章内容不清晰，收派员应该询问收件人的全名，并用正楷字在盖章旁边注上收件人的全名。

填写日期时要注意，如客户的印章带有日期，则不需重新填写，如印章上没有日期，则需要请客户填写日期，或在收件人的监督下，由收派员填写具体的时间。派送时间的填写格式为××月××日××时××分。

💡 想一想

收件人如果没有有效身份证件，高价值包裹类快件如何给付收件人？

💡 练一练

当收派员派送玻璃灯具时，收件人不在家，电话告知委托他人代收，收派员应怎样给付快件，并指导签收。

快递业务操作

同城快递详情单

寄件人姓名 FROM	张××	联系电话（非常重要）PHONE (VERY IMPORTANT)	1380034××××	收件人姓名 TO	赵××	联系电话（非常重要）PHONE (VERY IMPORTANT)	1398098××××
单位名称 COMPANY NAME	××电子厂			单位名称 COMPANY NAME	××电子销售公司		
寄件地址 ADDRESS	××市A区互助北路××号			收件地址 ADDRESS	××市A区格林大厦20××		

文件 □ DOCUMENT	物品 ☑ PARCEL	如系物品，请据实填写内件名称及数量，如需保价，请申报保价金额并交纳保价费。PLEASE SPECIFY THE CONTENTS AND AMOUNT OF THE PARCEL, DECLARE VALUE FOR CARRIAGE AND PAY THE APPROPRIATE CHARGE.	重量 WEIGHT	9 千克 KG	体积 VOLUME	长 60 L × 宽 40 W × 高 25 H = 60000 厘米^3 = CM^3

保价 □ DECLARING A VALUE FOR CARRIAGE	保价金额 DECLARED VALUE FOR CARRIAGE	壹万零伍什查佰零拾零元(大写)	付款方式 MEANS OF PAYMENT	现金 ☑ CASH	协议结算 □ AGREEMENT

内件名名 NAME OF CONTENTS	数量 AMOUNT	资费 CHARGE	¥20.5	包装费 PACKAGING FEE	保价费 CHARGE FOR DECLARED VALUE	¥100
电子元器件	100个	费用总计 TOTAL	¥120.5		1% ☑ 2% □ 3% □ 商定 AGREEMENT	

特别声明 SPECIAL STATEMENT	非禁寄品 ☑ NON-PROHIBITED ARTICLES	易碎 □ FRAGILE	加急 □ URGENT	其他 □ OTHERS	非保价快件赔偿限额 COMPENSATION LIMITS FOR ARTICLES WITHOUT DECLARED VALUE	资费 2 倍 □ CHARGE ×2 资费 5 倍 □ CHARGE ×5	商定 □ AGREEMENT

寄件人签名: SENDER'S SIGNATURE	张××	收寄人员签字: ACCEPTED BY (SIGNATURE)	陈××	收寄单位业务专用章 Business Seal of the express service provider	收件人签名: RECEIVER'S SIGNATURE	赵××	代签人签名: AUTHORIZED SIGNATORY
2017 Y 年 10 M 月 20 D 日 9 H 时					2017 Y 年 10 M 月 20 D 日 13 H 时 证件: 身份证 证件号: 13019781252 9×× ID NO. ××××		Y 年 M 月 D 日 H 时 证件: ID 证件号: ID NO.

备注 REMARKS

单号位置 填写本单前，务请阅读背面快递服务协议！您的签名意味着您理解并接受协议内容。
请正楷用力填写！

YOUR SIGNATURE INDICATES YOU HAVE READ, FULLY UNDERSTAND AND ACCEPT THE "DOMESTIC EXPRESS SERVICE AGREEMENT" ON THE BACK OF THIS FORM.

服务电话： 查询电话： 网址：

图 1-24 收件人签收后的同城快递运单

项目1　同城快递

同城快递详情单

寄件人姓名 FROM	李××	联系电话（非常重要）PHONE (VERY IMPORTANT)	1380000××××	收件人姓名 TO	赵××	联系电话（非常重要）PHONE (VERY IMPORTANT)	1398900××××
单位名称 COMPANY NAME	××学校			单位名称 COMPANY NAME	××某饰公司		
寄件地址 ADDRESS	××市A区互助北路××号			收件地址 ADDRESS	C区新岛大厦1502		

| 物品 □ PARCEL | 如系物品，请据实填写内件名称及数量，如需保价，请据实申报保价金额并交纳保价费。PLEASE SPECIFY THE CONTENTS AND AMOUNT OF THE PARCEL, DECLARE VALUE FOR CARRIAGE AND PAY THE APPROPRIATE CHARGE. | 重量 WEIGHT | 0.1 | 千克 KG | 体积 VOLUME | 长×宽×高 L×W×H | = | 厘米³ CM³ |
| 文件 □ DOCUMENT | 保价 □ DECLARING A VALUE FOR CARRIAGE | 保价金额：（大写）万仟佰拾元 DECLARED VALUE FOR CARRIAGE | | | 付款方式 MEANS OF PAYMENT | 现金 ☑ CASH | 协议结算 □ AGREEMENT | |

| 内件品名 NAME OF CONTENTS | 数量 AMOUNT | | 资费 CHARGE | ￥8 | 包装费 PACKAGING FEE | ￥ | 保价费 CHARGE FOR DECLARED VALUE | ￥ |
| 邀请函 | 1份 | | 费用总计 TOTAL | ￥8 | 非保价快件赔偿限额 COMPENSATION LIMITS FOR ARTICLES WITHOUT DECLARED VALUE | 资费2倍 ☑ CHARGE×2 | 资费5倍 □ CHARGE×5 | 1% □ 2% □ 3% □ 商定 ☑ AGREEMENT 商定 AGREEMENT |

| 特别声明 SPECIAL STATEMENT | 非禁寄品 □ NON-PROHIBITED ARTICLES | 易碎 □ FRAGILE | 加急 □ URGENT | 其他 □ OTHERS | 收件人签名：赵× RECEIVER'S SIGNATURE | 2017Y年10M月20D日15H时 证件：ID 证件号：ID NO. | 代签人签名：AUTHORIZED SIGNATORY | 证件：ID Y年M月D日H时 证件号：ID NO. |
| 寄件人签名：李×× SENDER'S SIGNATURE 2017Y年10M月20D日9H时 | | 收件人员签字：陈×× ACCEPTED BY (SIGNATURE) | 收寄单位业务专用章 Business Seal of the express service provider | | 备注 REMARKS | | | |

单号位置　填写本单前，多请阅读背面快递服务协议！您的签名意味着您理解并接受协议内容。网址：
YOUR SIGNATURE INDICATES YOU HAVE READ, FULLY UNDERSTAND AND ACCEPT THE "DOMESTIC EXPRESS SERVICE AGREEMENT" ON THE BACK OF THIS FORM.
请正楷用力填写！　　　服务电话：　　　查询电话：

图1-25　收件人签收后的同城快递单

同城快递详情单

寄件人姓名 FROM	赵 ××	联系电话（非常重要）PHONE (VERY IMPORTANT)	1367890××××	收件人姓名 TO	赵 ××	联系电话（非常重要）PHONE (VERY IMPORTANT)	1398088××××
单位名称 COMPANY NAME	×× 物流公司			单位名称 COMPANY NAME	×× 贸代公司		
寄件地址 ADDRESS	×× 市 A 区互助北路 ×× 号			收件地址 ADDRESS	×× 区海景大厦 1213		
文件 □ DOCUMENT 物品 □ PARCEL	如系物品，请据实填写内件名称及数量。如需保价，请据实申报保价金额并交纳保价费。 PLEASE SPECIFY THE CONTENTS AND AMOUNT OF THE PARCEL, DECLARE VALUE FOR CARRIAGE AND PAY THE APPROPRIATE CHARGE.			重量 WEIGHT	0.8	千克 KG	
				体积 VOLUME	长 L ×宽 W ×高 H =		厘米³ CM³
保价 □ DECLARING A VALUE FOR CARRIAGE	保价金额：　万　仟　佰　拾　元（大写） DECLARED VALUE FOR CARRIAGE			付款方式 MEANS OF PAYMENT	现金 ☑ CASH	协议结算 □ AGREEMENT	
内件品名 NAME OF CONTENTS	数量 AMOUNT			资费 CHARGE	¥12	包装费 PACKAGING FEE	¥
海运正本提单	4 份			费用总计 TOTAL	¥12	资费 2 倍 □ CHARGE ×2	资费 5 倍 □ CHARGE ×5	保价费 CHARGE FOR DECLARED VALUE	1% □　2% □　3% □ 商定 □ AGREEMENT
特别声明 SPECIAL STATEMENT	非禁寄物品 □ NON-PROHIBITED ARTICLES	易碎 □ FRAGILE	加急 □ URGENT	其他 □ OTHERS	收件人签名：陈 ×× ACCEPTED BY (SIGNATURE)	收寄单位业务专用章 Business Seal of the express service provider	收件人签名：赵 × RECEIVER'S SIGNATURE 2017 Y 年 10 M 月 20 D 日 15 H 时 证件：身份证 证件号：13019721215×××××× ID NO.	代签人签名：AUTHORIZED SIGNATORY Y 年　M 月　D 日　H 时 证件：　　证件号： ID　　　　ID NO.
寄件人签名：赵 ×× SENDER'S SIGNATURE 2017 Y 年 10 M 月 20 D 日 10 H 时	填写本单前，务请阅读背面快递服务协议！您的签名意味着您理解并接受协议内容。 YOUR SIGNATURE INDICATES YOU HAVE READ, FULLY UNDERSTAND AND ACCEPT THE "DOMESTIC EXPRESS SERVICE AGREEMENT" ON THE BACK OF THIS FORM. 请正楷用力填写！			备注 REMARKS		服务电话： 网址：	查询电话：

图 1-26 收寄人员签章后的同城快递运单

当天 17:30，机场的收派员找到机场××公司赵××，核对身份证后，赵××签收，并写下身份证号码。收派员核对后，将签收联取下，快件交给收件人，赵××签收后的运单如图 1-28 所示。

快件柜（见图 1-27）的应用提高了快件派送效率。收派员将快件放入放置于小区或写字楼大堂等位置的快件柜中，收件人收到含有取件密码的取件信息，凭密码从快件柜中取出快件，完成派件、收件过程。

图 1-27　快件柜

1.2.5　自检自测

（1）上门收件前需做哪些准备？
（2）做收派员工作时，职业素养体现在哪里？
（3）收快件时怎样称重并计算资费？
（4）怎样包装易碎物品？
（5）指导客户签收包裹时有哪些注意事项？

1.2.6　心得体会

请写出 600 字以上的学习心得体会。

要求：主要写出做同城快递操作时出现了哪些错误，分析原因，提出解决办法和改进建议，总结同城快递操作重点、难点。

1.2.7　经验之谈

作为收派员，在收件、派件时要合理安排收件、派件顺序，一般情况下先派件再收件，在派件的同时就近收件。

贵重物品优先派送，保价物品优先派送。

要熟悉所属派送段的道路、小区、写字楼、知名企业，在派件取件同时，宣传企业，开拓市场。

计算资费要快速且准确。收取资费时，特别注意假币的识别，可采用摸一摸、看一看的方法，20 元、50 元、100 元摸人像衣领，感觉是否有凹凸感，如果很光滑，可能是假币。还可以检查钞票纸质，如果绵软则可能是假币。

包裹或贵重物品派件时一定要核对收件人身份证件，写下身份证号码，贵重物品不允许代签代收，一定要收件人亲自签收。

快递业务操作

同城快递详情单

寄件人姓名 陈×× FROM		联系电话（非常重要）1367890×××× PHONE (VERY IMPORTANT)	收件人姓名 赵×× TO	联系电话（非常重要）1398098×××× PHONE (VERY IMPORTANT)
单位名称 COMPANY NAME			单位名称 机场××公司 COMPANY NAME	
寄件地址 ADDRESS ××市A区互助北路××小区22栋1单元501			收件地址 ADDRESS 机场第二航站楼	
文件□ DOCUMENT	物品☑ PARCEL	如系物品，请据实填写物件名称及数量。如需保价，请据实申报保价金额并支纳保价费。PLEASE SPECIFY THE CONTENTS AND AMOUNT OF THE PARCEL, DECLARE VALUE FOR CARRIAGE AND PAY THE APPROPRIATE CHARGE.	重量 20 千克 WEIGHT KG	体积 长60 ×宽40 ×高25 =60000 厘米^3 VOLUME L ×W ×H = CM^3
		保价□ DECLARING A VALUE FOR CARRIAGE	保价金额 万 仟 佰 拾 元（大写） DECLARED VALUE FOR CARRIAGE	付款方式 现金☑ 协议结算□ MEANS OF PAYMENT CASH AGREEMENT
内件品名 NAME OF CONTENTS		数量 AMOUNT	资费 CHARGE	包装费 ¥6 PACKAGING FEE	保价费 CHARGE FOR DECLARED ¥ VALUE
玻璃文具		1箱	费用总计 ¥48 TOTAL	资费2倍☑ CHARGE×2	资费5倍□ CHARGE×5	1%□ 2%□ 3%□ 商定□ AGREEMENT
特别声明 SPECIAL STATEMENT	非禁寄物品☑ NON-PROHIBITED ARTICLES	易碎☑ 加急□ 其他□ FRAGILE URGENT OTHERS	非保价快件赔偿限额 ¥54 COMPENSATION LIMITS FOR ARTICLES WITHOUT DECLARED VALUE	收件人签名：赵×× RECEIVER'S SIGNATURE 2017Y年10M月20D日18H时 证件身份证 证件号：630102197812×××××× ID ID NO.	代签人签名： AUTHORIZED SIGNATORY Y年 M月 D日 H时 证件： 证件号： ID ID NO.
寄件人签名：陈×× SENDER'S SIGNATURE 2017 Y年 10M月 20 D日 9H时		收寄人员签字： 陈×× ACCEPTED BY (SIGNATURE)	收寄单位业务专用章 Business Seal of the express service provider	备注 REMARKS	

单号位置 填写本单前，务请阅读背面快递服务协议！您的签名意味着您理解并接受协议内容。
YOUR SIGNATURE INDICATES YOU HAVE READ, FULLY UNDERSTAND AND ACCEPT THE "DOMESTIC EXPRESS SERVICE AGREEMENT" ON THE BACK OF THIS FORM.
请正楷用力填写！
服务电话： 查询电话： 网址：

图1-28 收件人签收后的同城快递运单

1.3 项目评价

1.3.1 项目评价内容

1）确定收件顺序与路线，能在 5 分钟内完成整理工装、装好工具、背上背包、推出自行车或电动自行车的准备工作。

2）能找出待收寄物品中的禁限寄物品。

3）能按要求在 6 分钟内完成快件的包装捆扎，包装美观坚固，能通过包装测试，如包装完毕内件不晃动，包装易碎品的快件以从 1.6 米高处自由落体落下不碎为合格。

4）能在 10 秒内准确计算出同城快递资费。

5）明确运单填写的注意事项、运单和标识的粘贴位置及方法。

6）能在 5 分钟内将快件捆扎固定在自行车或电动自行车尾架模型上，摇晃尾架快件不晃动。

7）确定派送顺序及路线。

8）明确指导客户签收及将签收信息录入系统的注意事项。

9）按 30 秒/票的速度准确录入签收信息。

1.3.2 项目评价一览表

评价要素	评价标准	评价依据	评价方式			权重
			个人	小组	学校（企业）	
职业素质	（1）遵守学校或企业管理规定 （2）按时完成学习及工作任务 （3）有吃苦耐劳、团结协作精神 （4）服从管理，文明操作 （5）有组织研讨的能力 （6）工作积极主动、勤学好问	（1）考勤 （2）工作及学习表现	0.1	0.3	0.6	0.2
专业知识及技能	（1）熟悉同城快递作业流程 （2）熟悉同城快递各环节的操作规范，能独立、规范地完成各业务环节工作	（1）工作规范 （2）专业理论知识点以卷面或项目技术总结与答辩形式考核 （3）专业技能：完成一项典型的同城快递作业	0.1	0.3	0.6	0.6
创新能力	（1）在小组讨论中提出自己的见解，要具有创新性，特别是对同城快递作业方案提出的见解，要具有创新性 （2）对教学或企业管理提出意见和建议，要具有创新性 （3）在操作方法或作业流程设计上具有创新性 （4）其他类型的创新性业绩	（1）口头或书面建议 （2）技术或流程改良报告 （3）操作视频记录 （4）企业评语	0.1	0.5	0.4	0.2

1.4 项目拓展

1.4.1 同城快递收派人员及操作人员必须熟悉所在城市的所有营业网点和派送段

同城快递企业在所在城市合理设置若干营业网点，每个营业网点划分若干派送段，显得尤其重要。

派送段指每位收派员取件、派件的区域，同城快递企业将城区划分为若干个派送段，派送段可能是一栋大厦或若干栋大厦，一个住宅小区或若干个住宅小区，一条街道或若干条街道，一家企业或若干家企业等。将全城划分为若干个派送段，每个派送段区域范围大小各不相同，业务量大的地方的派送段较小，业务量较小的地方派送段范围较大。

在业务量集中的地方设置若干营业网点，营业网点设置的原则是要达到一定的业务量，距离业务量较大的派送段较近，交通方便，租金便宜，有足够的暂存分拣快件的场地。同城快递由若干营业网点构成，一个营业网点管理若干派送段。

同城快递中划分派送段和营业网点较难，既要考虑成本、业务量，又要考虑快递时效。

1.4.2 每个派送段的收派员必须特别熟悉所属的派送段

要熟悉道路、写字楼、小区、企业，给出本派送段的一个地址，立刻知道在什么地方，多长时间可以到达。

1.4.3 营业网点分拣操作人员必须熟悉整个城市

熟悉城市道路、写字楼、小区、企业，给出一个地址，立刻知道这个地址属于哪个营业网点下的哪个派送段，需要多长时间可以到达。

1.4.4 收派员职业素养和职业技能要求

收派员是企业与客户之间的桥梁，企业对收派员的职业素养和职业技能要求高，所以收派员要不断提高职业素养和职业技能。对收派员来说，着装、表情、口才、礼仪都很重要，还要精通城市地理。另外，要苦练职业技能，如资费计算、包装捆扎等。

思考与练习

1. 对所在城市全市或一个区设置营业网点和派送段。

2. 选中一个派送段，使用 3 天时间将派送段的道路、小区、写字楼、企业搞清楚，熟悉派送段内的绝大部分地址。

3. 项目练习

整理全体学员在同城的不同家庭住址，对每个住址编号，每位学员随机抽取一半地址作为寄件人地址，另一半地址作为收件人地址，每位学员准备一份需要寄递的物品或文件。

要求：

（1）对照全市已划分好的营业网点和派送段，将所有的寄件人地址、收件人放到各自派送段里。

（2）安排快递时间表。

（3）对各个派送段安排收件顺序。

（4）包装物品。

（5）计算资费，填制运单。

（6）给自行车或电动自行车打气。

（7）在自行车或电动自行车上捆扎物品。

（8）对快件分拣、运输、分拣。

（9）安排派件顺序。

（10）将签收的快件运单号及收件时间、派件时间录入系统。

项目 2 国内异地快递

PROJECT 02

国内异地快递服务包括省内异地快递服务和跨省快递服务。省内异地快递服务是指寄件人和收件人分别在中华人民共和国境内同一省份、自治区中不同城市的快递服务；跨省快递服务是指寄件人和收件人分别在中华人民共和国境内不同省份、自治区、直辖市的快递服务。省内异地快递业务可以通过公路或铁路运输完成，跨省快递业务一般要依赖航空运输。

港澳台地区快递服务较为特殊，故在项目 4 中单独介绍。

2.1 项目描述

深圳××快递公司经营国内异地信件类快件和包裹类快递业务。服务范围覆盖全国地级城市，分拨方法为广东省内按地级城市分拨，广东省外按直辖市、省会、自治区首府分拨。

××日上午 9:00 公司呼叫中心接到一些客户的国内异地快递需求：

深圳市南山区南山大道××号，深圳××公司李××，电话为 1380000××××，需快递一份销售合同到湖南省长沙市××区××路 100 号星空玩具公司。

深圳市南山区南山大道××号，××物流公司段××，电话为 1368973××××，需快递 4 份海运正本提单给上海市××区××路上海海辰贸易公司船务部李明经理。

深圳市南山区学府路××小区 22 栋 1 单元 501，李××，电话为 1367890××××，快递一盒玻璃灯具样品给北京市海淀区××灯具城××号张红。

深圳市南山区学府路××号××电子厂李××，电话为 1380034××××，需快递一箱手机（40 台）给广东省珠海市××区珠海宏运贸易公司陈××。

你是收派员，位置在新绿岛大厦，如图 2-1 所示。

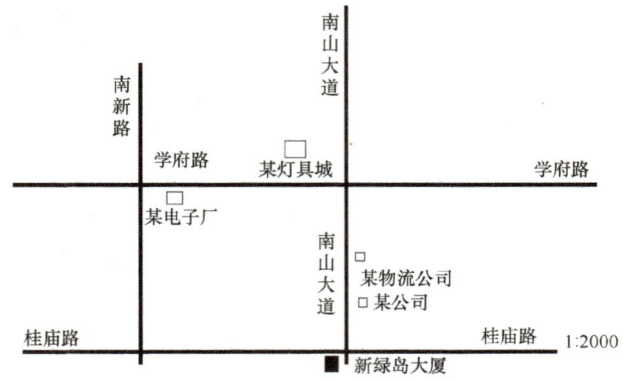

图 2-1 收派员、寄件人位置图

项目 2　国内异地快递

国内异地快递项目包括国内异地文件类快递任务和国内异地包裹类快递任务。国家快递服务标准规定：国内异地快递服务时限（指快递服务组织从收寄开始，到第一次投递的时间间隔）不超过 72 小时。一般国内异地快递企业为了留住客户，提高企业竞争力，服务时限远远小于 72 小时，如××快递企业规定国内异地快件省内 24 小时送达，省外 36 小时送达。

2.2 项目实施

2.2.1 领受工作任务

如果你已经清楚阅读工作任务书，请领受国内异地信件类快递和包裹快递工作任务，并在任务书上签名确认。

> **工作任务书**
>
> 在收寄后 24 小时内完成从深圳市南山区学府路××号××电子厂快递一箱手机到广东省珠海市××区珠海宏运贸易公司的任务。
>
> 在收寄后 36 小时内完成从深圳市南山区南山大道××号××公司快递一份销售合同到湖南省长沙市××区××路 100 号星空玩具公司，从深圳市南山区南山大道××号××物流公司快递 4 份海运正本提单到上海市××区××路上海海辰贸易公司，从深圳市南山区学府路××小区 22 栋 1 单元 501，快递一盒玻璃灯具样品到北京市海淀区××灯具城××号的国内异地快递任务。
>
> 收件时限（从接到呼叫中心收件指令到收件完成返回营业网点并送到分拨中心）为 6 小时，省内按地级城市、国内按省级城市分拣时限为 2 小时，省内运输时限为 8 小时，省外运输时限为 16 小时，派送时限为 4 小时。
>
> 要求：提高职业素养，维护企业形象，指导寄件人正确填写运单，准确收取资费，妥善包装物品。根据收件人地址准确快速地完成按地级城市和省级城市分拣的任务，熟悉公司所在地到省内地级城市和省外省级城市的交通线路，按时完成快递任务，能指导客户正确签收快件。
>
> 领受任务签名：
> 年　月　日

2.2.2 工作任务分析

1. 工作任务种类

本次任务包括国内异地文件类快递任务和包裹类快递任务，其中需要快递的销售合同、海运正本提单属于国内异地信件类快递，需要快递的一箱手机和一盒玻璃灯具样品属于国内异地包裹快递。

2. 国内异地快递服务范围与快递工作任务目的地分析

该企业国内异地快递服务分为省内快递和跨省快递。省内快递服务范围为广东省按照

快递业务操作

行政区划划分的 21 个地级市，分别是广州、清远、韶关、湛江、茂名、江门、珠海、深圳、惠州、河源、汕尾、汕头、潮州、梅州、揭阳、阳江、云浮、肇庆、佛山、中山、东莞。跨省快递服务范围为全国，除香港、澳门、台湾以外，有北京、天津、上海、重庆四个直辖市，哈尔滨、长春、沈阳、石家庄、太原、济南、南京、武汉、成都、西安等省会城市，南宁、银川、呼和浩特、乌鲁木齐等自治区首府。每个城市设置一个分拨中心，若干个营业网点，每个营业网点设置若干派送段，每个派送段由一名收派员负责。

本次快递工作任务的目的地为珠海、长沙、上海、北京，其中收件人地址为珠海的快件属于省内快递服务范围，收件人地址为长沙、上海、北京的快件属于跨省快递服务范围。

> **知识链接**
>
> 快递业务网络是指快件收寄、分拣、封发、运输、投递、查询等所依托的实体网络和信息网络的总称。
>
> 服务范围是指快递企业寄递服务所覆盖的地理区域范围，也就是快件的收派范围。例如，××快递企业只经营省会城市、直辖市、自治区首府城区的快件。此时一客户想通过快递企业寄一票快件到福建省泉州市，从快递企业的角度看，此件超出公司的服务范围。因为该快递企业只经营省会级城市、直辖市城区的国内异地快件，无法独立承担到福建省泉州市的快递服务。

想一想

国内异地快递服务的范围为多大比较合适？

练一练

××快递企业只经营省会城市、直辖市、自治区首府城区的快件，下面哪些快件超出了该企业的服务范围。

1）河北省唐山市××区××路 120 号。

2）山东省济南市××区××路 110 号。

3）江苏省徐州市××区××小区 21 号 1 单元 301。

4）上海市崇明西区××路 21 号。

3. 国内异地快递物品分析

需要快递的物品中有信件类快件和包裹类快件，信件类快件中的海运正本提单属于物权凭证，销售合同关系企业交易是否能正常进行，如果丢失后果很严重，容易给收件人造成重大损失。包裹中的一箱手机可能属于高价值物品，应建议寄件人保价，如果没有建议保价，客户没有保价而快件丢失或损坏，按照相关法规或行业惯例给予客户的赔偿将远远不能弥补客户的损失，会给企业造成不良影响。玻璃灯具样品属于易碎物品，要选好包装物料，做好易碎物品包装，粘贴易碎标识。

2.2.3 实施步骤

实施步骤如图 2-2 所示。

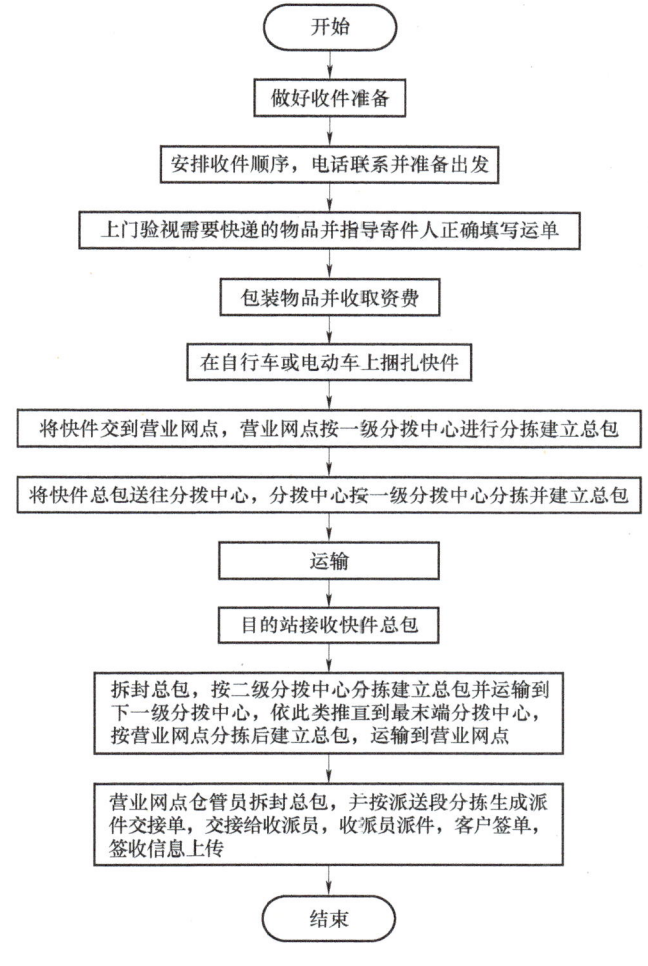

图 2-2 国内异地快递流程图

> **知识链接**
>
> 国内异地快递企业根据服务范围大小和业务量多少在国内建立若干一级分拨中心，在一级分拨中心服务范围内建立若干二级分拨中心，在二级分拨中心服务范围内建立若干三级分拨中心，依此类推直至末级分拨中心，末级分拨中心服务范围内划分为若干营业网点，营业网点服务范围内划分为若干派送段。多级分拨中心、营业网点、派送段构成了快递服务网络的重要组成部分。
>
> 国内异地快递分拣规则为将快件收到营业网点后，由营业网点或分拨中心按一级分拨中心分拣建立总包，到达目的地一级分拨中心后拆封总包，按二级分拨中心分拣建立总包，依此类推，直至到达末级分拨中心拆封总包，按营业网点分拣，建立总包后运输

> 到营业网点。营业网点仓管员拆封总包，按派送段分拣，生成派件交接单，收派员核对签字后派送，完成派件后，上传签收信息。分拣依据一般为邮政编码和电话区号。按营业网点与派送段分拣一般依据地理区域范围及收件地址归属的区域范围，即按地址分拣。

2.2.4 实施过程

1. 做好收件准备

收件前先检查一下需要收取的快件，文件类包括销售合同和海运正本提单，需要准备文件封，包裹类包括玻璃灯具样品和手机。玻璃灯具样品属于易碎物品，需要准备大小合适的包装箱、气泡膜、气泡垫等物料。手机属于贵重物品，怕湿，需要建议客户保价，准备防雨布或防雨膜，带好零钱、发票、磅秤、卷尺、戒刀、空白运单、报价单、易碎标签、无线扫描枪等。

检查着装，穿着具有企业标识的统一工装，并佩戴工号牌或胸卡。头发整洁不凌乱，身体无异味。

2. 安排收件顺序，电话联系寄件人，准备出发

按照取件路径安排取件顺序，电话联系寄件人，约定取件时间。

想一想

安排上门收件顺序时应考虑哪些因素？

练一练

如图 2-1 所示，假如你现在位于 ××区南山大道与桂庙路交叉口的新绿岛大厦，请根据工作任务设计收件顺序。

3. 上门验视需要快递的物品并指导寄件人正确填写运单

填写具体内容时应按下列要求填写：

1）单位名称。私人寄件或收件可不填写单位名称，单位寄件或收件必须填写单位名称。

2）寄件人、收件人姓名，必须填写全名。

3）联系电话必须填写，最好填写手机号码，便于快件异常时可以及时联系到寄件人或收件人。

4）寄件地址和收件地址必须详细填写，以便快件退回时可以尽快找到寄件人或快件投递时尽快联系到收件人。

检查图 2-3，指出寄件人填写的国内异地快递运单存在什么问题，并予以修改。图 2-4 为修改完毕的运单，请找出错误的原因。

首先到深圳市南山区南山大道××号深圳××公司指导李××填写的运单如图 2-5 所示，其次到深圳市南山区南山大道××号××物流公司指导段××填写的运单如图 2-6 所示，再次到深圳市南山区学府路××路××小区 22 栋 1 单元 501 指导李××填写的运单如图 2-7 所示，最后到深圳市南山区学府路××号××电子厂指导李××填写的运单如图 2-8 所示。思考：为什么按上述顺序收件？

项目 2　国内异地快递

图 2-3　寄件人填写的国内异地快递运单

国内快递详情单

快递服务组织名称、标识				
寄件人姓名 FROM	李××	联系电话（非常重要）PHONE (VERY IMPORTANT)	1368807××××	条形码或编号位置
单位名称 COMPANY NAME				
寄件地址 ADDRESS	广东省深圳市南山区华联花园3栋×××号			
用户代码 CUSTOMER CODE	邮政编码 POSTAL CODE	5 1 8 0 5 2		
文件□ DOCUMENT 物品□ PARCEL	如系物品，请据实填写内件名称及数量。如需保价，请据实申报保价金额并交纳保价费。PLEASE SPECIFY THE CONTENTS AND AMOUNT OF THE PARCEL, DECLARE VALUE FOR CARRIAGE AND PAY THE APPROPRIATE CHARGE.			
保价□ DECLARING A VALUE FOR CARRIAGE	保价金额 万 仟 佰 拾 元（大写）DECLARED VALUE FOR CARRIAGE			
内件品名 NAME OF CONTENTS	数量 AMOUNT	1份		
特别声明 SPECIAL STATEMENT	非禁寄品□ NON-PROHIBITED ARTICLES	易碎□ FRAGILE	加急□ URGENT	其他□ OTHERS
寄件人签名：SENDER'S SIGNATURE	李××	收寄人员签章：ACCEPTED BY (SIGNATURE)		收寄单位业务专用章 Business Seal of the express service provider
2017 Y年 12M月 9D日 14H时				

收件人姓名 TO	张××	联系电话（非常重要）PHONE (VERY IMPORTANT) 1394807××××
单位名称 COMPANY NAME		
收件地址 ADDRESS	安徽省安庆市×××路22号	
城市 CITY	安庆	邮政编码 POSTAL CODE 2 4 6 0 0 0
重量 WEIGHT	千克 KG	体积 VOLUME 长L ×宽W ×高H = 厘米^3 CM^3
付款方式 MEANS OF PAYMENT	现金□ CASH	协议结算□ AGREEMENT
资费 CHARGE	¥	加急费 URGENCY SURCHARGE ¥
费用总计 TOTAL	¥	
非保价快件赔偿限额 COMPENSATION LIMITS FOR ARTICLES WITHOUT DECLARED VALUE	资费2倍 CHARGE×2	包装费 PACKAGING FEE ¥ 保价费 CHARGE FOR DECLARED VALUE ¥
	资费5倍 CHARGE×5	1% □ 2% □ 3% □ 商定 AGREEMENT _____
收件人签名：RECEIVER'S SIGNATURE 证件：ID 证件号：ID NO.	Y年 M月 D日 H时	代签人签名：AUTHORIZED SIGNATORY Y年 M月 D日 H时 证件：ID 证件号：ID NO.
备注 REMARKS		

图2-4 修改后的国内异地快递运单

项目2 国内异地快递

国内快递详情单

快递服务组织名称、标识

寄件人姓名 FROM	李××	联系电话（非常重要）PHONE (VERY IMPORTANT)	1380000××××	收件人姓名 TO	陈××	联系电话（非常重要）PHONE (VERY IMPORTANT)	1394455××××
单位名称 COMPANY NAME	深圳××公司			单位名称 COMPANY NAME	星空玩具公司		
寄件地址 ADDRESS	广东省深圳市南山区青山大道×××号			收件地址 ADDRESS	湖南省长沙市××区××路100号		
用户代码 CUSTOMER CODE	邮政编码 POSTAL CODE	5 1 8 0 5 2		城市 CITY	长沙	邮政编码 POSTAL CODE	4 1 0 0 × ×

条形码或编号位置：**1394455××××**

条形码或编号位置

文件 □ DOCUMENT	物品 □ PARCEL	如系物品，请据实填写内件名称及数量。如需保价，请据实申报保价金额并交纳保价费。PLEASE SPECIFY THE CONTENTS AND AMOUNT OF THE PARCEL, DECLARE VALUE FOR CARRIAGE AND PAY THE APPROPRIATE CHARGE.		重量 WEIGHT	千克 KG		体积 VOLUME	长 L ×宽 W ×高 H = CM³ 厘米³

保价 □ DECLARING A VALUE FOR CARRIAGE	保价金额：万 仟 佰 拾 元（大写）DECLARED VALUE FOR CARRIAGE		付款方式 MEANS OF PAYMENT	现金 □ CASH	协议结算 □ AGREEMENT

内件品名 NAME OF CONTENTS	数 量 AMOUNT		资费 CHARGE	￥	加急费 URGENCY SURCHARGE	￥	包装费 PACKAGING FEE	￥	保价费 CHARGE FOR DECLARED VALUE	￥
合同	1份		费用总计 TOTAL	￥					1% □ 2% □ 3% □ 商定 AGREEMENT	

非保价快件赔偿限额 COMPENSATION LIMITS FOR ARTICLES WITHOUT DECLARED VALUE	资费2倍 CHARGE×2	资费5倍 CHARGE×5	商定 AGREEMENT

特别声明 SPECIAL STATEMENT	非禁寄品 □ NON-PROHIBITED ARTICLES	易碎 □ FRAGILE	加急 □ URGENT	其他 □ OTHERS	收寄人员签章： ACCEPTED BY (SIGNATURE)	收寄单位业务专用章 Business Seal of the express service provider

寄件人签名 SENDER'S SIGNATURE	李××		收件人签名： RECEIVER'S SIGNATURE		代签人签名： AUTHORIZED SIGNATORY	
			证件： ID	Y年 M月 D日 H时 证件号： ID NO.	证件： ID	Y年 M月 D日 H时 证件号： ID NO.
2017 Y年 12 M月 9 D日 12 H时			备注 REMARKS			

图2-5 指导李×× 填制的国内异地快递运单

快递业务操作

国内快递详情单

快递服务组织名称、标识 COMPANY NAME ××		条形码或编号位置	
寄件人姓名 FROM 袁××	联系电话(非常重要) PHONE (VERY IMPORTANT) 1368973××××	收件人姓名 TO 李明	联系电话(非常重要) PHONE (VERY IMPORTANT) 1398767××××
单位名称 COMPANY NAME ××物流公司		单位名称 COMPANY NAME 上海海辰贸易公司船务部	
寄件地址 ADDRESS 广东省深圳市南山区南山大道××号		收件地址 ADDRESS 上海市××区××路112号	
用户代码 CUSTOMER CODE	邮政编码 POSTAL CODE 5 1 8 0 5 2	城市 CITY 上海	邮政编码 POSTAL CODE 2 0 0 ☒ ☒
文件 □ DOCUMENT 物品 ☑ PARCEL	如系物品,请据实填写内件名称及数量。如需保价,请据实申报你保价金额并交纳保价费。PLEASE SPECIFY THE CONTENTS AND AMOUNT OF THE PARCEL, DECLARE VALUE FOR CARRIAGE AND PAY THE APPROPRIATE CHARGE.	重量 WEIGHT 千克 KG	长 L ×宽 W ×高 H = = 厘米³ CM³
	保价 □ DECLARING A VALUE FOR CARRIAGE	保价金额: 万 仟 佰 拾 元 (大写) DECLARED VALUE FOR CARRIAGE	体积 VOLUME
内件名称 NAME OF CONTENTS 正本提单	数量 AMOUNT 4份	付款方式 MEANS OF PAYMENT	现金 □ CASH 协议结算 □ AGREEMENT
		资费 CHARGE ¥	加急费 URGENCY SURCHARGE ¥ 包装费 PACKAGING FEE ¥ 保价费 CHARGE FOR DECLARED VALUE ¥
特别声明 SPECIAL STATEMENT	非紧急 □ 易碎 □ 加急 □ 其他 □ NON-PROHIBITED ARTICLES FRAGILE URGENT OTHERS	费用总计 TOTAL ¥	资费2倍 CHARGE×2 资费5倍 CHARGE×5 1% □ 2% □ 3% □ 商定 □ AGREEMENT
	收寄人员签字: ACCEPTED BY (SIGNATURE)	非保价快件赔偿限额 COMPENSATION LIMITS FOR ARTICLES WITHOUT DECLARED VALUE	
	收寄单位业务专用章 Business Seal of the express service provider	收件人签名: RECEIVER'S SIGNATURE 证件: ID 证件号: ID NO.	Y年 M月 D日 H时
寄件人签名: SENDER'S SIGNATURE 袁××		代签人签名: AUTHORIZED SIGNATORY 证件: ID 证件号: ID NO.	Y年 M月 D日 H时
2017 Y年 12 M月 9 D日 10 H时		备注 REMARKS	

图2-6 指导段××填制国内异地快递运单

项目2　国内异地快递

国内快递详情单

条形码或编号位置

快递服务组织名称、标识

寄件人姓名 FROM	李××	联系电话（非常重要）PHONE (VERY IMPORTANT)	13678900××××
单位名称 COMPANY NAME			
寄件地址 ADDRESS	深圳市南山区李府路××小区22栋1单元501		
用户代码 CUSTOMER CODE	邮政编码 POSTAL CODE	5 1 8 0 5 2	

收件人姓名 TO	张红	联系电话（非常重要）PHONE (VERY IMPORTANT)	13898699××××
单位名称 COMPANY NAME			
收件地址 ADDRESS	北京市海淀区××灯具城××号		
城市 CITY	北京	邮政编码 POSTAL CODE	1 0 ×× × ×

文件 □ DOCUMENT　　物品 ☒ PARCEL

如系物品，请据实填写内件名称及数量。如需保价，请据实申报保价金额并支付保价费。
PLEASE SPECIFY THE CONTENTS AND AMOUNT OF THE PARCEL, DECLARE VALUE FOR CARRIAGE AND PAY THE APPROPRIATE CHARGE.

保价 □ DECLARING A VALUE FOR CARRIAGE　　保价金额：万　仟　佰　拾　元（大写） DECLARED VALUE FOR CARRIAGE

内件品名 NAME OF CONTENTS	数量 AMOUNT
玻璃灯具	1套

重量 千克 WEIGHT KG		体积 VOLUME	长 L　　×宽 W　　×高 H　　= 厘米³ CM³

付款方式 MEANS OF PAYMENT	现金 □ CASH	协议结算 □ AGREEMENT	

资费 CHARGE	￥	加急费 URGENCY SURCHARGE	￥	包装费 PACKAGING FEE	￥	保价费 CHARGE FOR DECLARED VALUE	￥
费用总计 TOTAL	￥					1% □　2% □　3% □ 商定 AGREEMENT	

非保价快件赔偿限额 COMPENSATION LIMITS FOR ARTICLES WITHOUT DECLARED VALUE	资费2倍 CHARGE×2	资费5倍 CHARGE×5	商定 □ AGREEMENT

特别声明 SPECIAL STATEMENT：非禁寄品 □ NON-PROHIBITED ARTICLES　　易碎 ☒ FRAGILE　　加急 □ URGENT　　其他 □ OTHERS

收寄人员签章 ACCEPTED BY (SIGNATURE)	收件人签名 RECEIVER'S SIGNATURE： Y年　M月　D日　H时 证件： ID：	证件号： ID NO.	代签人签名： AUTHORIZED SIGNATORY Y年　M月　D日　H时 证件： ID：	证件号： ID NO.
收寄单位 业务专用章 Business Seal of the express service provider				

寄件人签名：李×× SENDER'S SIGNATURE
2017 Y年　12 M月　9 D日　10 H时

备注 REMARKS

图2-7　指导李××填制的国内异地快递运单

快递业务操作

国内快递详情单

快递服务组织名称、标识				条形码或编号位置
寄件人姓名 FROM	李××	联系电话（非常重要）PHONE (VERY IMPORTANT)	1380034××××	
单位名称 COMPANY NAME	×× 电子厂			
寄件地址 ADDRESS	广东省深圳市南山区学府路××号			
用户代码 CUSTOMER CODE		邮政编码 POSTAL CODE	5 1 8 0 5 2	
收件人姓名 TO	陈××	联系电话（非常重要）PHONE (VERY IMPORTANT)	1390080××××	
单位名称 COMPANY NAME	珠海宏运贸易公司			
收件地址 ADDRESS	广东省珠海市××区珠海宏运贸易公司			
城市 CITY	珠海	邮政编码 POSTAL CODE	5 1 9 ×××	

文件□ DOCUMENT	物品☑ PARCEL	如系物品，请据实填写内件名称及数量。如需保价，实申报保价金额并支付保价费。PLEASE SPECIFY THE CONTENTS AND AMOUNT OF THE PARCEL, DECLARE VALUE FOR CARRIAGE AND PAY THE APPROPRIATE CHARGE.
	保价☑ DECLARING A VALUE FOR CARRIAGE	保价金额：贰万零仟零佰柒拾元（大写） DECLARED VALUE FOR CARRIAGE

内件品名 NAME OF CONTENTS	手机	数量 AMOUNT	40 部

重量 WEIGHT	千克 KG	体积 VOLUME	长 L ×宽 W ×高 H = 厘米³ CM³

付款方式 MEANS OF PAYMENT	现金 CASH □	协议结算 AGREEMENT □

资费 CHARGE	¥	加急费 URGENCY SURCHARGE	¥	包装费 PACKAGING FEE	¥	保价费 CHARGE FOR DECLARED VALUE	¥
费用总计 TOTAL	¥					1% □ 2% □ 3% □ 商定 AGREEMENT □	

非保价快件赔偿限额 COMPENSATION LIMITS FOR ARTICLES WITHOUT DECLARED VALUE	资费2倍 CHARGE ×2 □	资费5倍 CHARGE ×5 □	商定 AGREEMENT □

特别声明 SPECIAL STATEMENT	非禁寄品□ NON-PROHIBITED ARTICLES	易碎□ FRAGILE	加急□ URGENT	其他□ OTHERS	收寄单位业务专用章 Business Seal of the express service provider

收件人签名 RECEIVER'S SIGNATURE	Y 年 M 月 D 日 H 时	代签人签名 AUTHORIZED SIGNATORY	Y 年 M 月 D 日 H 时
证件：ID 证件号：ID NO.		证件 ID 证件号：ID NO.	

寄件人签名：SENDER'S SIGNATURE	李××	收寄人员签字：ACCEPTED BY (SIGNATURE)
2017 Y 年 12 M 月 9 D 日 10 H 时		

备注 REMARKS

图 2-8 指导李×× 填制的国内异地快递运单

项目2　国内异地快递

> **知识链接**
>
> 地理区域范围的标识
>
> 快递服务与普通大宗货物运输最大的不同点在于，快递服务须承担大量快件的"集中、分拣、散开"操作。由于快递企业收派的快件数量巨大，简单突出的地理区域范围标识对分拣、集散快件操作的速度和准确性有着举足轻重的作用。因此，各快递企业都会通过某一种或某几种地理区域标识来明确区分各快件的目的地，从而提高分拣和集散快件的效率。目前从各快递企业的实际操作来看，地理区域范围标识主要有以下三种形式：
>
> 1）行政区划标识。该标识用文字表示，通过地址来识别，如北京朝阳、深圳福田、广州白云、沈阳和平等。
>
> 2）电话区号标识。一个区号代表一个城市，快递企业通常通过地区的电话区号作为分拣和集散快件操作的标识，如010代表北京、021代表上海、0571代表杭州、0411代表大连等。
>
> 3）邮政编码标识。邮政编码是代表投送邮件的邮局（所）的一种专用代号，也是这个局（所）投送范围内的居民与单位的通信代号。邮政编码由6位阿拉伯数字组成：前两位数字表示省（自治区、直辖市），第三、四位数字表示市（地、市、州），最后两位数字代表邮件投递局（所）。通过邮政编码，可以实现快件的机器分拣，提高速度和准确性。国有快递企业和国际快递企业多采用邮政编码作为地理区域范围的标识。

想一想

快递企业经营国内异地快递业务，可以采用的地理区域标识有哪些？

练一练

下面的电话区号和邮政编码分别代表哪个城市？

021、0971、0571、024、0931、010、029

050000、100000、810000、510000

4．包装物品并收取资费

某快递企业国内快递报价表见表 2-1。

表 2-1　某快递企业国内快递报价表

区域	区域	首重 500 克	续重每 500 克	到达日期
北京、天津	全境	13 元	5 元	1 天
河北	石家庄、邯郸、保定、唐山、沧州、衡水、廊坊、张家口、秦皇岛、承德	15 元	6 元	1~2 天

67

快递业务操作

（续）

区域	区域	首重500克	续重每500克	到达日期
上海	全境	15元	5元	1天
浙江	杭州全境	15元	6元	1～2天
江苏	全境	15元	6元	1～2天
广东	全境	15元	6元	1～2天
辽宁	沈阳、大连、丹东、鞍山、营口、抚顺、葫芦岛、辽阳、盘锦、锦州、铁岭、本溪、阜新、朝阳	15元	6元	1～2天
吉林	长春、吉林、辽源、通化、四平、延吉、梅河口	15元	6元	1～2天
黑龙江	哈尔滨、牡丹江、佳木斯、大庆、鸡西、鹤岗、齐齐哈尔、绥芬河、绥化市	15元	6元	1～2天
山西	太原、大同、朔州、晋中、长治、运城、阳泉、临汾、侯马、忻州	15元	6元	1～2天
山东	青岛、济南、烟台、莱阳、莱州、龙口、威海、文登、荣城、潍坊、淄博、日照、济宁、泰安、临沂、菏泽、枣庄、东营、德州、聊城、莱芜、崂山、胶州	15元	6元	1～2天
青海	西宁	18元	8元	2～3天
宁夏	银川	18元	8元	1～2天
四川	成都、绵阳、南充、宜宾、泸州、乐山、德阳、内江、自贡、资阳、遂宁、江油、达州、广元、眉山、攀枝花、广安、雅安	15元	6元	1～2天
重庆	渝中区、南岸、江北、九龙坡、沙坪坝、万州、涪陵、永川	15元	6元	1～2天
河南	郑州、安阳、驻马店、信阳、新乡、开封、许昌、南阳、平顶山、焦作、商丘、洛阳、漯河、濮阳、周口、鹤壁	15元	6元	1～2天
湖北	武汉、荆州、宜昌、荆门、黄石、襄阳、十堰、仙桃	16元	6元	1～2天
湖南	长沙、株洲、湘潭、益阳、岳阳、常德、衡阳、邵阳、娄底、怀化、郴州、邵东	16元	6元	1～2天

在南山区南山大道××号深圳××公司指导李××填完运单后，收派员将销售合同套上塑料袋，然后装入文件封。称量重量为0.1千克，不足0.5千克按0.5千克计算，只取首重。发往长沙的快件可以从表2-1中查得首重价格为16元。收派员收寄确认后的运单如图2-9

所示。

在深圳市南山区南山大道××号××物流公司指导段××填完运单后，收派员将4份正本提单套上塑料袋，然后装入文件封，称量重量为0.3千克，不足0.5千克按0.5千克计算，只取首重。发往上海的快件可以从表2-1中查得首重价格为15元。收派员收寄确认后的运单如图2-10所示。

在深圳市南山区学府路××路××小区22栋1单元501号，指导李××填写完运单后，发现寄件人灯具包装不符合要求，征得寄件人同意后，将玻璃灯具样品通过灯具纸托进行单个包装，然后使用气泡垫在纸箱与纸托以及纸托与纸托的空隙处全面填充，使用封箱胶带进行"H"形封箱，要封住纸箱的所有缝隙，并在两个不同面上贴上易碎标签。

从表2-1中查出到北京的快递报价首重价格为13元，续重价格为每500克5元，用手掂量，为重货，使用磅秤称出重量为19.7千克，根据国内快件重量的取数规则是以0.5千克为单位，不足0.5千克的按0.5千克计算，最小计量单位为0.5千克，所以计费重量取数为20千克。

资费 = 首重价格 + 续重单位价格 × 续重计量单位个数 =13+5×39=208（元）

包装费为5元，收派员应该在运单上填写重量，选择付款方式，填写资费、包装费和费用总额，收取费用后，收派员签收，并盖收寄单位业务专用章。然后将寄件人联取下与发票一并交给李××。收派员收寄确认后的运单如图2-11所示。

在深圳市南山区学府路××号××电子厂指导李××填写完运单后，认真核对手机的数目和外包装，如果数目有差错或外包装有破损或变形，立即和李××确认，在运单上注明。由于一箱手机价值昂贵，建议客户保价，并说明如果没有保价，快件丢失后的赔偿限额。如果包装不符合要求，应重新包装，并贴好封条，如果保价，粘贴保价标识。称量快件实际重量为10千克，量得快件长宽高分别为60厘米、40厘米、30厘米，则体积重量 = 长 × 宽 × 高 ÷ 6 000=60×40×30÷6 000=12（千克），计费重量取实际重量与体积重量较大者，故计费重量为12千克。从报价单上查得发往珠海去的首重0.5千克的价格为15元，续重每0.5千克价格为6元，物品价值10 000元，保价费率1%，则快件资费 =15+23×6=153（元），保价费用 =10 000×1%=100（元）。收派员应该在运单上填写重量，选择付款方式，填写资费、保价费和费用总额，收取费用后，收派员签收，并盖收寄单位业务专用章。然后将寄件人联取下与发票一并交给李××。收派员收寄确认后的运单如图2-12所示。

快递业务操作

国内快递详情单

快递服务组织名称、标识				
寄件人姓名 李×× FROM	联系电话（非常重要）**1380000××××** PHONE (VERY IMPORTANT)	收件人姓名 陈×× TO	联系电话（非常重要）**1394455××××** PHONE (VERY IMPORTANT)	条形码编号位置
单位名称 深圳××公司 COMPANY NAME		单位名称 星空玩具公司 COMPANY NAME		
寄件地址 广东省深圳市南山区南山大道×××号 ADDRESS		收件地址 湖南省长沙市××区×× 路100号 ADDRESS		
用户代码 CUSTOMER CODE	邮政编码 **5 1 8 0 5 2** POSTAL CODE	城市 长沙 CITY	邮政编码 **4 1 0 0** ⊠ POSTAL CODE	
文件□ DOCUMENT 物品☑ PARCEL	如系物品，请据实填写内件名称及数量。如需保价，请据实申报保价金额并交纳保价费。 PLEASE SPECIFY THE CONTENTS AND AMOUNT OF THE PARCEL, DECLARE VALUE FOR CARRIAGE AND PAY THE APPROPRIATE CHARGE.	重量 0.1 千克 WEIGHT KG	体积 长 × 宽 × 高 = 厘米³ VOLUME L × W × H = CM³	
	保价□ DECLARING A VALUE FOR CARRIAGE	保价金额：万 仟 佰 拾 元（大写） DECLARED VALUE FOR CARRIAGE	付款方式 MEANS OF PAYMENT	现金☑ CASH	协议结算□ AGREEMENT
内件品名 NAME OF CONTENTS	数量 AMOUNT	资费 CHARGE ￥16	加急费 URGENCY SURCHARGE ￥	包装费 PACKAGING FEE ￥	保价费 CHARGE FOR DECLARED VALUE ￥
合同	1份	费用总计 TOTAL ￥16	资费2倍□ CHARGE×2	资费5倍□ CHARGE×5	1%□ 2%□ 3%□ 商定 AGREEMENT 商定 AGREEMENT
特别声明 SPECIAL STATEMENT	非禁寄品□ NON-PROHIBITED ARTICLES	易碎□ FRAGILE	加急□ URGENT	其他□ OTHERS	非保价快件赔偿限额 COMPENSATION LIMITS FOR ARTICLES WITHOUT DECLARED VALUE
寄件人签名：李×× SENDER'S SIGNATURE 2017 Y年 12 M月 9 D日 12 H时		收寄人员签字：××× ACCEPTED BY (SIGNATURE)	收寄单位 业务专用章 Business Seal of the express service provider	收件人签名： RECEIVER'S SIGNATURE 证件： Y年 M月 D日 H时 ID 证件号： ID NO. 备注 REMARKS	代签人签名： AUTHORIZED SIGNATORY 证件： Y年 M月 D日 H时 ID 证件号： ID NO.

图2-9 收派员收寄确认后的国内异地快递运单

项目 2　国内异地快递

国 内 快 递 详 情 单

快递服务组织名称、标识 FROM									
寄件人姓名 段×× FROM	联系电话（非常重要）**1368973××××** PHONE (VERY IMPORTANT)				收件人姓名 李明 TO	联系电话（非常重要）**1398767××××** PHONE (VERY IMPORTANT)			条形码或编号位置
单位名称 COMPANY NAME ××物流公司					单位名称 COMPANY NAME 上海海辰贸易公司船务科				
寄件地址 ADDRESS 广东省深圳市南山区南山大道××号					收件地址 ADDRESS 上海市××区××路 112 号				
用户代码 CUSTOMER CODE	邮政编码 **5 1 8 0 5 2** POSTAL CODE				城市 CITY 上海	邮政编码 **2 0 0 0 × ×** POSTAL CODE			
文件☑ DOCUMENT	物品☐ PARCEL	如系物品，请据实填写内件名称及数量。如需保价，请据实申报保价金额并交纳保价费。 PLEASE SPECIFY THE CONTENTS AND AMOUNT OF THE PARCEL, DECLARE VALUE FOR CARRIAGE AND PAY THE APPROPRIATE CHARGE.			重量 0.3 千克 WEIGHT KG	长 L	宽 ×W	高 ×H	厘米³ CM³
	保价☐ DECLARING A VALUE FOR CARRIAGE	保价金额：万 仟 佰 拾 元（大写） DECLARED VALUE FOR CARRIAGE			体积 VOLUME				
内件品名 NAME OF CONTENTS	数量 AMOUNT				付款方式 MEANS OF PAYMENT	现金☑ CASH		协议结算☐ AGREEMENT	
正本提单	4 份				资费 CHARGE	¥15	加急费 URGENCY SURCHARGE	¥	包装费 PACKAGING FEE	¥	保价费 CHARGE FOR DECLARED VALUE	¥
					费用总计 TOTAL	¥15	资费 2 倍☐ CHARGE×2		资费 5 倍☐ CHARGE×5		1%☐ 2%☐ 3%☐ 商定 AGREEMENT	
特别声明 SPECIAL STATEMENT	非禁寄品☑ NON-PROHIBITED ARTICLES	易碎☐ FRAGILE	加急☐ URGENT	其他☐ OTHERS	非保价快件赔偿限额 COMPENSATION LIMITS FOR ARTICLES WITHOUT DECLARED VALUE				
寄件人签名：段×× SENDER'S SIGNATURE	收寄人员签章：××× ACCEPTED BY (SIGNATURE)			收寄单位 业务专用章 Business Seal of the express service provider	收件人签名： RECEIVER'S SIGNATURE	Y 年 M 月 D 日 H 时 证件号： ID NO.		代签人签名： AUTHORIZED SIGNATORY	证件： ID	Y 年 M 月 D 日 H 时 证件号： ID NO.
2017Y 年 12M 月 9D 日 10H 时					证件： ID 备注 REMARKS				

单号位置　填写本单前，务请阅读背面快递服务协议！您的签名意味着您理解并接受协议内容。

图 2-10　收派员收寄确认后的国内异地快递运单

国内快递详情单

快递服务组织名称、标识	寄件人姓名 FROM	李××	联系电话（非常重要）PHONE (VERY IMPORTANT)	1367890××××	收件人姓名 TO	张红	联系电话（非常重要）PHONE (VERY IMPORTANT)	1389869××××	条形码或编号位置
	单位名称 COMPANY NAME				单位名称 COMPANY NAME				
	寄件地址 ADDRESS	深圳市南山区学府路××小区22栋1单元501			寄件地址 ADDRESS	北京市海淀区×××灯具城××号			
	用户代码 CUSTOMER CODE	邮政编码 POSTAL CODE	5 1 8 0 5 2		城市 CITY	北京	邮政编码 POSTAL CODE	1 0 ☒ ☒ ☒	

文件 □ DOCUMENT	物品 ☑ PARCEL	如采物品，请据实填写内件名称及数量。如需保价，请据实申报保价金额并交纳保价费。PLEASE SPECIFY THE CONTENTS AND AMOUNT OF THE PARCEL, DECLARE VALUE FOR CARRIAGE AND PAY THE APPROPRIATE CHARGE.	重量 WEIGHT	19.7 千克 KG	体积 VOLUME	长 L ×宽 W ×高 H = = 厘米^3 CM^3

保价 □ DECLARING A VALUE FOR CARRIAGE	保价金额：万仟佰拾元（大写）DECLARED VALUE FOR CARRIAGE	付款方式 MEANS OF PAYMENT	现金 ☑ CASH	协议结算 □ AGREEMENT

内件品名 NAME OF CONTENTS	数量 AMOUNT	资费 CHARGE	¥208	加急费 URGENCY SURCHARGE	¥	包装费 PACKAGING FEE	¥5	保价费 CHARGE FOR DECLARED VALUE	¥
玻璃灯具	1套							1% □ 2% □ 3% □ 商定 □ AGREEMENT	

费用总计 TOTAL	¥213	资费2倍 □ CHARGE×2	资费5倍 □ CHARGE×5		
非保价快件赔偿限额 COMPENSATION LIMITS FOR ARTICLES WITHOUT DECLARED VALUE					

特别声明 SPECIAL STATEMENT	非禁寄品 ☑ NON-PROHIBITED ARTICLES	易碎品 ☑ FRAGILE	加急 □ URGENT	其他 □ OTHERS	收寄人员签字：××× ACCEPTED BY (SIGNATURE)	收寄单位业务专用章 Business Seal of the express service provider	收件人签名： RECEIVER'S SIGNATURE 证件：ID 证件号：ID NO.	Y 年 M 月 D 日 H 时
寄件人签名：李×× SENDER'S SIGNATURE 2017 Y 年 12 M 月 9 D 日 10 H 时							代签人签名： AUTHORIZED SIGNATORY 证件：ID 证件号：ID NO.	Y 年 M 月 D 日 H 时

单号位置 填写本单前，务请阅读背面快递服务协议！您的签名意味着您理解并接受协议内容。 备注 REMARKS 收派员收客确认后的国内异地快递运单

图2-11 收派员收客确认后的国内异地快递运单

国内快递详情单

寄件人 FROM		收件人 TO	
寄件人姓名 李××	联系电话（非常重要）PHONE (VERY IMPORTANT) 1380034××××	收件人姓名 陈××	联系电话（非常重要）PHONE (VERY IMPORTANT) 1390080××××
单位名称 COMPANY NAME ××电子厂		单位名称 COMPANY NAME 珠海××贸易公司	
寄件地址 ADDRESS 广东省深圳市南山区学府路×××号		收件地址 ADDRESS 广东省珠海市××区珠海×贸易公司	
用户代码 CUSTOMER CODE 邮政编码 POSTAL CODE 5 1 8 0 5 2		城市 CITY 珠海	邮政编码 POSTAL CODE 5 1 9 ☒ ☒
		重量 WEIGHT 12 千克 KG	体积 VOLUME 长L 60 ×宽W 40 ×高H 30 =72000 厘米³ CM³

文件□ DOCUMENT 物品☑ PARCEL	如系物品，请据实填写内件名称及数量。如需保价，请实申报保价金额并交纳保价费。PLEASE SPECIFY THE CONTENTS AND AMOUNT OF THE PARCEL, DECLARE VALUE FOR CARRIAGE AND PAY THE APPROPRIATE CHARGE. 保价☑ DECLARING A VALUE FOR CARRIAGE 保价金额：贰万柒仟柒佰柒拾元（大写）DECLARED VALUE FOR CARRIAGE

内件品名 NAME OF CONTENTS	数量 AMOUNT	付款方式 MEANS OF PAYMENT	现金☑ CASH 协议结算□ AGREEMENT
手机	40 部		

		资费 CHARGE ¥153	加急费 URGENCY SURCHARGE ¥	包装费 PACKAGING FEE ¥	保价费 CHARGE FOR DECLARED VALUE ¥100
		费用总计 TOTAL ¥253	资费2倍 CHARGE×2	资费5倍 CHARGE×5	1%☑ 2%□ 3%□ 商定 AGREEMENT

特别声明 SPECIAL STATEMENT	非禁寄品□ NON-PROHIBITED ARTICLES	易碎□ FRAGILE	加急□ URGENT	其他□ OTHERS	非保价快件赔偿限额 COMPENSATION LIMITS FOR ARTICLES WITHOUT DECLARED VALUE

寄件人签字：李×× SENDER'S SIGNATURE	收寄人员签字：××× ACCEPTED BY (SIGNATURE)	收寄单位业务专用章 Business Seal of the express service provider	收件人签字： RECEIVER'S SIGNATURE Y年 M月 D日 H时 证件： 证件号： ID ID NO.	代签人签字： AUTHORIZED SIGNATORY Y年 M月 D日 H时 证件： 证件号： ID ID NO.

2017 Y年 12 M月 9 D日 10 H时 填写本单前，务请阅读背面快递服务协议！您的签名意味着您理解并接受协议内容。

备注 REMARKS

图2-12 收派员收客确认后的国内异地快递运单

快递业务操作

> **知识链接**

　　资费是快递企业营业款的核心组成部分，与快件的重量直接挂钩，是业务员在收件现场需要准确计算的款项。各快递企业在实际操作中，存在以下两种资费计算方式：

　　1）首重续重计算原则：资费＝首重价格＋续重（计费重量）×续重价。

　　首重是指快递企业根据运营习惯规定的计算资费时的起算重量，也可以称为起重。起算重量的价格为首重价格。一般快递企业都将首重确定为1千克。

　　续重是指快件首重以外的重量。续重＝计费重量－首重。例如对于一份重量为30千克的快件，如果首重为1千克，续重就是29千克。通常续重价格比首重价格低，而且随着续重的增加，续重价格也会减少。

　　例1：一票从深圳寄往广州的快件（陆路运输，系数为12 000），使用纸箱包装，纸箱的长、宽、高分别为60厘米、40厘米、30厘米，快件实重8千克，计算其资费。快递企业的资费价格表如下：

区间	首重1千克	1千克＜重量≤20千克	20千克＜重量≤50千克
上海——广州	12元	6元/千克	5元/千克
深圳——广州	10元	2元/千克	1元/千克

　　体积重量＝（60厘米×40厘米×30厘米）÷12 000＝6（千克）

　　体积重量小于实际重量，所以该票快件的计费重量应为8千克。

　　资费＝首重价格＋续重×续重价格＝10+（8-1）×2=24（元）

　　例2：一票从上海寄往广州的快件（航空运输，系数为6 000），使用纸箱包装，纸箱的长、宽、高分别为60厘米、40厘米、30厘米，快件实重21.5千克，计算其资费。快递企业的资费价格表如下：

区间	首重1千克	1千克＜重量≤20千克	20千克＜重量≤50千克
上海——广州	12元	6元/千克	5元/千克
深圳——广州	10元	2元/千克	1元/千克

　　体积重量＝（60厘米×40厘米×30厘米）÷6 000＝12（千克）

　　体积重量小于实际重量，计费重量应为22千克。

　　资费＝首重价格＋续重×续重价格
　　　　＝12+（20-1）×6+（22-20）×5
　　　　＝136（元）

　　2）单价计算原则：资费＝单位价格×计费重量。

　　单位计价是指按照平均每千克价格来计算资费。单位计价不区分首重和续重，明确平均每千克的价格，由价格乘以重量即可。这种计费方式与普通的运输计价方法类似。

　　例3：一票从上海寄往广州的快件（航空运输，系数为6 000），使用纸箱包装，纸箱的长、宽、高分别为60厘米、40厘米、30厘米，快件实重21.5千克，计算其资费。快递企业的资费价格表如下：

区间	20千克及以下	20千克以上
上海——广州	6元/千克	4元/千克
深圳——广州	3元/千克	2元/千克

> 体积重量=（60厘米×40厘米×30厘米）÷6 000＝12（千克）
> 体积重量小于实际重量，计费重量应为22千克。
> $$资费 = 单位价格 \times 计费重量$$
> $$= 6 \times 20 + 4 \times (22-20)$$
> $$= 128（元）$$

想一想

一般情况下，国内异地快递资费的计算方法有哪些？

练一练

收派员收到两票快件，请进行收件操作，结果填到下面的表格里。资费标准：首重为1千克，首重价格为20元，续重价格为每千克8元，快件由学员互相提供。（航空运输，系数为6 000）

品名	数量	实际重量	长	宽	高	体积重量	计费重量	资费（元）

5. 在自行车（一般指电动自行车）上捆扎快件

在自行车上按大不压小、重不压轻的原则排序快件并进行捆扎，参考同城快递项目。

6. 将快件交到营业网点，进行分拣后，再交到分拨中心

将快件及资费款项交到营业网点，营业网点工作人员核对单货和款项，在交接清单上签收，将一联交给收派员。收派员核对需要在自己的派送段派送的快件，进行签收，根据收件情况和派件情况安排派件顺序，然后捆扎派送。营业网点工作人员对快件按照邮政编码或电话区号进行一次分拣，并区分省内件和省外件，然后由快递车辆运载到分拨中心。

7. 按城市邮政编码或电话区号分拣

根据邮政编码或电话区号（表2-2为国内直辖市、省会城市、自治区首府邮政编码及电话区号表，表2-3为广东省内主要城市邮政编码及电话区号表），将不同运输方式、不同路由、不同时段接收的快件，依据客户填写的运单地址和收寄信息，经过整理、集中，再通过手工分拣或自动流水线分拣，封成总包后，发往目的地。分拨中心工作人员手工分拣一般是指通过分拣格架（见图2-13）分拣文件类快件，用金属笼、塑料容器等设备分拣包裹类快件，将省内件和省外件分别按照电话区号或邮政编码进行分拣。发往珠海去的快件归入省内件进行分拣，装入珠海总包，发往上海、长沙、北京去的快件归入省外件进行分拣，分别装入上海、长沙、北京总包。

快件总包（见图2-14）是指将寄往同一寄达地（或同一中转站）的多个快件集中装入的容器或包（袋）（见图2-15）。

总包经封条（见图2-16）封扎袋口或封裹牢固形成一体，便于运输和交接。总包必须拴有包牌或粘贴标签，同时总包内应附寄快件封发清单或在包牌及标签写明内装件数。考虑到搬运方便，以及总包包袋的容量和承载能力限制，快件总包每包（袋）一般不超过32千克。

图2-13　分拣格架

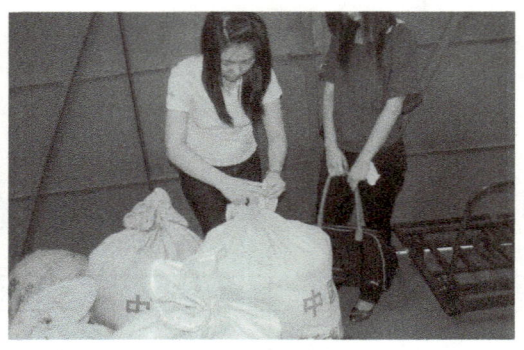

图2-14　快件总包

图2-15　放在总包撑口架上的总包袋

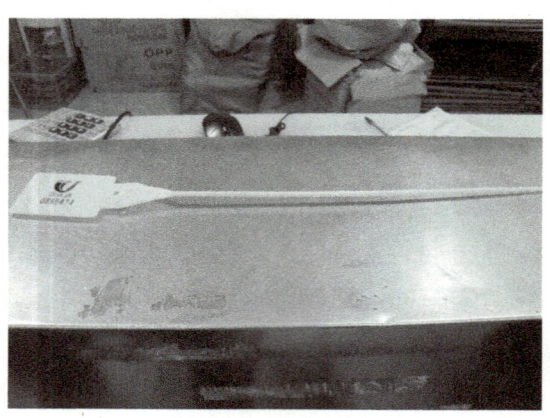

图2-16　塑料封条

> **知识链接**
>
> 快递服务是个有机的整体，每一票快件从寄件人交寄到派送给收件人都要经过快件收寄、处理、运输、派送四大环节。在快件传递过程中，收寄是始端，派送是终端，中间环节是运输，而在收后、派前都要进行分拣封发处理。
>
> 分拣是指将快件按寄达地址信息进行分类的过程。快件分拣依据有按地址分拣和按编码分拣。按地址分拣，就是处理人员分拣时的依据就是运单上的收件人地址。按编码分拣，就是处理人员按照运单上所填写的邮政编码或电话区号进行分拣。按编码分拣有利于分拣的自动化。
>
> 快件分拣方式包括手工分拣、半自动机械分拣和自动分拣方式。
>
> 1）手工分拣方式是所要分拣快件量较少、不需上机分拣或没有配备分拣机器的分拣中心普遍采用的一种分拣方式。
>
> 2）半自动机械分拣是人机结合的分拣方式，能使待分拣快件通过输送装置传输到接件点，由操作人员将分拣到位的快件取下。特点是能连续不断分拣，减轻操作人员劳动强度，提高分拣效率。
>
> 3）自动分拣是指由分拣机根据对分拣信号的判断，完成快件分拣的一种方式。其特点是能实现连续、大量的分拣，信息采集准确，分拣误差较小。分拣机分拣作业基本实现了无人化，使劳动效率大幅提高。
>
> 快件分拣后建立快件总包。快件总包（简称总包）指混装在一个容器内，同一路由、同一种类的快件集合。

表 2-2 国内部分地区邮政编码及电话区号表

直辖市、省、自治区名称	简称	省会（首府）所在地	邮政编码	电话区号
北京市	京		100000	010
天津市	津		300000	022
上海市	沪		200000	021
重庆市	渝		400000	023
河北省	冀	石家庄市	050000	0311
山西省	晋	太原市	030000	0351
吉林省	吉	长春市	130000	0431
安徽省	皖	合肥市	230000	0551
山东省	鲁	济南市	250000	0531
江西省	赣	南昌市	330000	0791
河南省	豫	郑州市	450000	0371
湖北省	鄂	武汉市	430000	027
广西壮族自治区	桂	南宁市	530000	0771
四川省	川	成都市	610000	028
贵州省	贵	贵阳市	550000	0851
陕西省	陕	西安市	710000	029

（续）

直辖市、省、自治区名称	简称	省会（首府）所在地	邮政编码	电话区号
青海省	青	西宁市	810000	0971
宁夏回族自治区	宁	银川市	750000	0951
内蒙古自治区	蒙	呼和浩特市	010000	0471
辽宁省	辽	沈阳市	110000	024
黑龙江省	黑	哈尔滨市	150000	0451
江苏省	苏	南京市	210000	025
浙江省	浙	杭州市	310000	0571
福建省	闽	福州市	350000	0591
湖南省	湘	长沙市	410000	0731
广东省	粤	广州市	510000	020
海南省	琼	海口市	570000	0898
云南省	云	昆明市	650000	0871
西藏自治区	藏	拉萨市	850000	0891
甘肃省	甘	兰州市	730000	0931
新疆维吾尔自治区	新	乌鲁木齐市	830000	0991

表 2-3　广东省内主要城市邮政编码及电话区号表

地区	邮政编码	长途区号	地区	邮政编码	长途区号
广州市	510000	020	清远市	511500	0763
东莞市	523000	0769	韶关市	512000	0751
梅州市	514000	0753	汕头市	515000	0754
潮州市	521000	0768	惠州市	516000	0752
汕尾市	516600	0660	河源市	517000	0762
深圳市	518000	0755	湛江市	524000	0759
茂名市	525000	0668	肇庆市	526000	0758
佛山市	528000	0757	中山市	528400	0760
江门市	529000	0750	珠海市	519000	0756

8. 运输

发往珠海去的总包装到省内快递班车上，发往长沙去的快件总包装到到达或经过长沙的快递班车上，建立车辆封志。发往上海和北京去的总包分别装载到上海、北京的航班预订舱位上。运输环节注意交接，注意施封，拆封。

9. 目的站接收快件

目的站工作人员根据到货预报，核对总包，拆封总包，用勾对法核对总包清单，清点件数，做到单证相符，单货相符。

10. 分拣派送

将快件按照不同营业网点、不同派送段进行派送。派送前根据派件顺序电话联系收件人，约定收件时间，使其做好收件准备，如接收电子元器件的收件人需要准备身份证原件以便收派员核实收件人身份。派送及签收过程中可能会遇到改寄件、委托件、自取件、到付件等特殊快件，拒付件、拒收件、错发件、无着快件等异常快件，破损件、损毁件、丢失件等情况。收派员应具体问题具体分析，予以妥善处理。

2.2.5 自检自测

1）写出国内直辖市、省会城市、自治区首府的邮政编码和电话区号。
2）写出××省内地级市的邮政编码和电话区号。
3）怎样包装灯具？
4）怎样建立快件总包？
5）怎样建立车辆封志？

2.2.6 心得体会

请你写出600字以上的学习心得体会。

要求：主要写出你做国内异地快递操作时出现了哪些错误，分析原因并提出解决办法和改进建议，总结国内异地快递操作重点、难点。

2.2.7 经验之谈

国内异地快递要求接单的操作人员熟悉本企业快递服务范围，不收超范围快件。熟悉禁限寄物品，不收禁限寄物品。

快件分拣是难点，牢记全国地级城市的邮政编码和电话区号，提高快件分拣速度和准确率。当寄件人填写的收件人地址不全或错误时能及时发现，提醒补全或改正。

贵重物品一定要提醒寄件人保价。

2.3 项目评价

2.3.1 项目评价内容

1）能根据提供的网络、片区、站点在3分钟内写出运输路线。
2）熟练使用国内快递操作系统，运单录入速度达到1分钟/票。
3）能在5分钟内完成30票国内快件分拣，找出破损、水湿、地址有误等问题件。
4）能按要求在10分钟内完成建立快件总包。
5）能在5分钟内做出配载装车方案。
6）能在3分钟内完成航空订舱。
7）能在3分钟内完成航空提货。
8）能在3分钟内完成快件总包交接。
9）能在5分钟内拆封快件总包，核对快件。
10）按30秒/票的速度准确录入签收信息。

2.3.2 项目评价一览表

评价要素	评价标准	评价依据	评价方式 个人	评价方式 小组	评价方式 学校（企业）	权重
职业素质	（1）遵守学校或企业管理规定 （2）按时完成学习及工作任务 （3）有吃苦耐劳、团结协作精神 （4）服从管理，文明操作 （5）有组织研讨的能力 （6）工作积极主动、勤学好问	（1）考勤 （2）工作及学习表现	0.1	0.4	0.5	0.2
专业知识及技能	（1）熟悉国内异地快递作业流程 （2）熟悉国内异地快递各环节的操作规范，能独立、规范地完成各业务环节工作	（1）工作规范 （2）专业理论知识点以卷面或项目技术总结与答辩形式考核 （3）专业技能：完成一项典型的国内快递作业	0.1	0.5	0.4	0.6
创新能力	（1）在小组讨论中提出自己的见解，具有创新性，特别是对国内异地快递作业方案提出见解，具有创新性 （2）对教学或企业管理提出意见和建议，具有创新性 （3）操作方法或作业流程设计具有创新性 （4）其他类型的创新性业绩	（1）口头或书面建议 （2）技术或流程改良报告 （3）操作视频记录 （4）企业评语	0.3	0.3	0.4	0.2

2.4 项目拓展

2.4.1 国内异地快递收派人员及操作人员必须牢记全国地级城市的邮政编码和电话区号

根据邮政编码或电话区号进行分拣，只有牢记全国地级城市的邮政编码和电话区号，才能提高快件分拣速度和准确率，才能及时发现寄件人填写的收件人地址不全或错误并提醒补全或改正。

2.4.2 三种常用的快件度量衡工具

1. 便携式电子手提秤

收派员上门收取快件时，需要通过称重来计算资费，所以秤是必备的工具之一。其中电子手提秤轻便灵巧、便于随身携带，且本身带卷尺，便于称重和测量快件体积，因此被各快递企业广泛采用。但是，其不足之处是误差较大。使用电子手提秤，需要注意以下事项：

（1）需定期检查各部位螺丝及插栓有无松动或掉落，确认无误后再开机使用。

（2）使用时，吊钩和被测物均应钩于吊秤上、下吊钩的中央部位。

（3）为确保安全，在改变所吊重物的方向或位置时，应直接推动重物，不要直接推动吊秤。

（4）加载勿超过安全负荷，避免长时间起吊，确保传感器正常使用。

（5）在户外使用如遇雷电，应关机暂停使用。

（6）避免吊秤本体受到激烈撞击，不使用时应悬挂存放于通风干燥阴凉处。

2. 电子计重秤

电子计重秤的称重范围比便携式手提秤的称重范围大、准确度高。但因电子计重秤体积较大，不便携带，目前，除了驾驶机动车收件的收派员，一般收派员都不随身携带电子计重秤，而是放在收寄处理点使用（见图2-17）。如果快件重量超出电子手提秤称重范围，收派员在征询客户同意后，可以将快件带回收寄处理点使用电子计重秤称重。称重、计算资费完毕后，应在第一时间将重量及资费告知客户，征询客户是否寄出快件的意见。如客户同意寄出则将快件寄出，并与客户确认付款方式；如客户不同意寄出，则与客户约定时间，将快件退回。使用电子计重秤称重需注意以下事项：

1）电子计重秤应置于稳定平整的平面上。调整四个底脚螺钉使秤处于水平位置，然后开启电源（如果需要则应先放上专用秤盘）。

2）开机笔画显示结束后进入计重模式，"零位"标志和"kg"指示标志出现，可按"模式"键循环选择计重、计数、百分比三种功能模式。

3）电子计重秤不能长期在去皮状态下使用，否则零位自动跟踪功能消失，零位会发生漂移。

快递企业根据工作需要将电子秤和测长、宽、高的工具整合在一起作为快件测量平台，既可以得到实际重量，同时可以测量快件长、宽、高，比较方便实用（见图2-18）。

图2-17　电子计重秤　　　　　　　　图2-18　快件测量平台

3. 卷尺

在快递领域中使用最多的长度测量工具是卷尺。卷尺根据材质不同可以分为钢卷尺、纤维卷尺（皮卷尺、量衣卷尺）、塑料卷尺等。如果收派员使用的便携式手提秤中没有卷尺，则须另外随身携带卷尺。

目前大多数企业使用钢卷尺。其中，使用最多的是制动式卷尺，主要由尺带、盘式弹簧（发条弹簧）、卷尺外壳三部分组成。当拉出刻度尺时，盘式弹簧被卷紧，产生向回卷的力，当松开刻度尺的拉力时，刻度尺就会被盘式弹簧的拉力拉回。

（1）读数法

直接读数法。测量时将钢卷尺零刻度对准测量起始点，施以适当拉力，直接读取测量终止点所对应的尺上刻度。

间接读数法。在一些无法直接使用钢卷尺的部位，可以用钢尺或直角尺，使零刻度对准测量点，尺身与测量方向一致；用钢卷尺量取到钢尺或直角尺上某一整刻度的距离，余长用直接读数法量出，加上前述步骤中已测量的长度，计为全长。

（2）卷尺测量误差

较精确的钢卷尺出厂时和使用一段时间后都必须经过检定并注明检定时的温度、拉力与尺长。钢卷尺在使用中，产生误差的主要原因有下列三种：

1）温度变化的误差。相同的钢卷尺在温差较大的环境下还是会产生较大的长度变化，影响测量结果。

2）拉力误差。拉力大小会影响钢尺的长度，钢尺在出厂前都会使用弹簧秤对卷尺的拉力误差进行测试。钢卷尺使用时，须注意不可迅猛地拉出或弹回尺子，避免拉力误差太大，同时也注意尺子对人身的伤害。

3）钢尺未水平放置的误差。测量水平距离时钢卷尺应尽量保持水平，否则会产生距离增大的误差。

思考与练习

1. 写出全国直辖市、省会城市、自治区首府的邮政编码或电话区号。
2. 怎样建立快件总包？
3. 怎样建立车辆封志？
4. 怎样进行航空订舱？
5. 项目练习：准备30个以上的收件人地址，分布在10个以上城市，准备若干文件封、包装箱、气泡膜、气泡垫，以及各类物品（包括易碎物品）。

要求：收件，运单填制，分拣，信息录入，建立总包，航空订舱，分拣派送签收。

项目 ③ 国际快递操作

PROJECT 03

国际快递服务是寄件人和收件人分别在中华人民共和国境内和其他国家或地区的快递服务，以及其他国家或地区间用户相互寄递但通过中国境内经转的快递服务。国际快递服务的特点是技术密集、资本密集和管理密集，也是快递服务领域利润最高的业务，在业界一般被称为高端业务。国际快递服务提供商必须具备足够的航空和地面运输能力、枢纽中心和遍布世界主要国家和城市的投递网格、先进的信息跟踪和控制技术。到目前为止，经营国际业务的主要是国际快递公司、国际货物运输代理企业，以及中国邮政速递服务公司（简称EMS）、中国民航快递有限公司、中远国际航空货运代理有限公司等中国国内企业。在国际快递服务方面，我国快递企业还没有形成自己的航空运力和国际投递网络，主要依赖民用航空公司的商业航班和各国邮政制定的邮路及全球性国际快递渠道企业，国际快递的时效和能力受到限制，网络的效率有待进一步提高。

3.1 项目描述

深圳××国际快递企业经营国际快件出口快递和国际快件进口快递业务。该快递企业有若干代理商负责收件，然后将快件交到该企业操作中心，该企业按照××合作快递企业的操作要求，使用对方的物料对快件进行操作，操作完毕的快件交接给该快递企业分拨中心或转运中心进行快递。

某日上午9:00企业的××快递代理商交来四票快件：

深圳市罗湖区××路××号，深圳××学院李××，电话为1380000××××，需快递一份邀请函到美国纽约，运单号码为20171227001，运单为该代理运单，运单上注明的实际重量为0.2千克。

深圳市罗湖区嘉宾路××号××物流公司段××快递4份海运正本提单到法国马赛，运单号码为20171227002，运单为该代理运单，运单上注明的实际重量为0.7千克。

深圳市罗湖区东门路××小区22栋1单元501，李××，电话为1367890××××，快递一盒玻璃工艺灯具样品到美国旧金山，运单号码为1000200012001，运单为DHL运单。运单上注明是实际重量为20千克。

深圳市罗湖区人民路××号××服装厂李××，电话为1380034××××，快递2箱纯棉衬衣样品（已剪破）共30件到巴西圣保罗，运单号码为20171227003，运单为该代理运单，运单上注明的实际重量为 10 千克。

15:00 收到 ×× 合作快递企业发来的第二天上午 9:00 到达航班的进口快件到货预报，见表 3-1。

表 3-1　国际快件进口快递到件预报表

×× 公司　　　电脑编号：74880　　　日期：2017.12.15　　　总包袋号：H2017121501

序号	运单号	品名	内件数量	件数	重量/千克	海关报价/元	收件人	收件人地址	联系电话
1	100020171215001	塑料花		1	2	10	李××	广东省××市××区××小区 2 栋 1 单元 502	1380094××××
2	100020171215002	塑料盒		1	2.7	5	陈××	上海市××货运代理公司	1360030××××
3	100020171215003	IC 芯片	2	1	1.2	200	丁××	北京市海淀区西外大街 22 号××通信器材公司	1368890××××
4	100020171215004	正本提单		1	0.7		魏××	上海市××货运公司	1368877××××

制表人：孙××　　　预报日：2017.12.15　　　该批快件于 2017.12.16 9:00 到达

国际快递操作项目包括国际快件出口快递操作任务和进口快递操作任务。国际快件出口快递操作包括从快件代理将快件交给快递企业理货开始到快递企业将操作完毕的快件交给能直接提供全球快递服务的企业为止的理货、查货、入机、出货、出口报关、信息反馈等操作。国际快件进口快递操作包括接收到货预报、快件交接、进口报关、分拨派送、信息反馈等操作。

3.2　项目实施

3.2.1　国际快递出境快件操作

1. 领受工作任务

如果你已经清楚阅读工作任务书，请领受国际快件出口快递操作工作任务，并在任务书上签名确认。

工作任务书

对快递代理交来的 4 票快件进行理货、查货、入机、出货、出口报关等操作。

要求：提高职业素养，维护企业形象，正确填写运单，准确核对资费，核对物品，剔除禁限寄物品，妥善包装物品，根据收件人地址准确快速地完成按国家二字代码分拣的任务，快速录入运单，打印运单和形式发票，出货，制作出口报关单，完成出口报关，将快件交给全球快递服务商。

领受任务签名：
年　　月　　日

2. 工作任务分析

（1）国际快递国际快件出口快递操作分析

国际快递国际快件出口快递操作从对快件代理或直接客户交来的快件进行理货开始，到出口清关信息反馈为止。要求操作人员英文认知能力较强，工作认真细心，操作速度快。理货要细心，核对单据，清点件数，检查外包装。查货要认真仔细，牢记禁限寄物品及目的地国家的特殊规定。入机要快速准确，不能出丝毫差错。分拣出货操作要求牢记国家二字代码表，按国家二字代码分拣，在总包袋书写唛码，拴挂总包包牌，扫描包牌条码，扫描条码后将快件装入总包，封扎总包。出口报关时注意目的国海关的最新规定，熟悉报关流程，谨慎细心。到货预报要求认真制作，及时发送；信息反馈要求及时准确。

（2）国际快递国际快件物品分析

邀请函与正本提单属于文件类快件，玻璃灯具样品属于易碎物品，注意包装及标识的粘贴；纯棉衬衣属于纺织品，注意纺织品品名书写的特殊要求及海关关于纺织品清关的规定。

3. 实施步骤

第一步：理货（CHECK IN）。

第二步：查货。

第三步：入机。

第四步：分拣出货（CHECK OUT）。

第五步：发到货预报。

第六步：出口清关。

第七步：信息反馈。

4. 实施过程

（1）理货（CHECK IN）

简单检查一下 4 票快件，一票一件的快件有 3 票，一票多件（1 票 2 件，见图 3-1）的快件 1 票，其中文件 2 票，包裹 2 票，用卷尺或磅秤复核计费重量，发现运单号码为 1000200012001 的快件复核重量为 20.7 千克，与快件代理注明的重量有出入，要求快件代理在交接单上计费重量栏更正并签字确认，然后由快递系统核算资费，国际快递资费的计算方法如下：

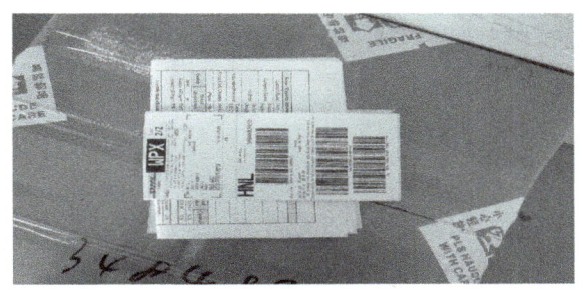

图 3-1　1 票 2 件的国际快件第 2 件

1）出口快件资费计算的基本概念

ⅰ 计费重量单位

国际快递行业一般以每 0.5 千克为一个计费重量单位。

ⅱ 首重与续重

国际快递物品的寄递以第一个 0.5 千克为首重，每增加 0.5 千克为一个续重。不足 0.5 千克按 0.5 千克计算。例如，一票包裹（一个运单号码对应的货物称为一票货物，一票货物可以包含一件货物，称为一票一件；也可以包含多件货物，称为一票多件，如一票三件等），实际重量为 0.3 千克，那么只有一个首重，没有续重。如果实际重量为 5.7 千克，那么不仅有一个首重，而且还有十一个续重。通常首重的费用比续重费用高。

ⅲ 实重（实际重量）与材积（体积重量）

实重是指需要运输的一批物品（包括包装在内）的实际总重量称为实重，当需寄递物品体积较大而实重较轻时，因运输工具（飞机、火车、船、汽车等）承载能力及能装载物品体积所限，需采取量取物品体积折算成重量的办法作为计算资费的重量，称为体积重量或材积。

体积重量大于实际重量的物品又常称为轻泡物。

求取体积重量公式如下：

规则物品：长（厘米）× 宽（厘米）× 高（厘米）÷6000= 重量（千克）

不规则物品：最长（厘米）× 最宽（厘米）× 最高（厘米）÷6000= 重量（千克）

ⅳ 计费重量

按实际重量与体积重量两者的定义与国际航空货运协会规定，货物运输过程中计收资费的重量是按整票国际快件的实际重量和体积重量两者之中较高的计算。

ⅴ 包装费

一般情况下，快递公司是提供免费包装服务的，提供纸箱、泡沫等包装材料。如很多物品如衣物，不用特别精细地包装，但一些贵重、易碎物品，快递公司要收取一定的包装费用。包装费用一般不计入折扣。

2）出口快件资费计算举例

计算公式中计费重量以 0.5 千克为单位，不足 0.5 千克的按 0.5 千克计算。如计费重量为 7.1 千克，计算资费时取 7.5 千克，实际重量或体积重量为 7.6 千克，计算资费时取 8 千克。

ⅰ 当需寄递物品实际重量大于体积重量时的资费计算方法

总价 = 首重价格 +（重量（千克）×2-1）× 续重价格

例如：7 千克货品按首重 20 元、续重 9 元计算，则资费总额为

$$20+（7×2-1）×9=137（元）$$

ⅱ 当需寄递物品实际重量小于体积重量时的资费计算方法

资费需按体积重量计算收取，然后再按上列公式计算资费总额。求取体积重量的公式为

规则物品：体积重量长（厘米）×宽（厘米）×高（厘米）÷6000=重量（千克）

不规则物品：体积重量最长（厘米）×最宽（厘米）×最高（厘米）÷6000=重量（千克）

ⅲ 出口国际快件大货的资费计算方法

例：根据下述大货报价表（见表3-2）计算国际快件大货资费。

表3-2　国际快递大货报价表

单位：元/千克

地区	21千克+	45千克+	71千克+	100千克+	300千克+	500千克+	1000千克+
泰国	26	25	23	23	20	20	18
巴西	26	25	21	19	17	17	16
马来西亚	27	23	22	20	19	18	17
新加坡	27	25	24	22	20	19	18
日本	36	30	29	27	25	23	22
韩国	30	26	25	23	22	20	19.5
美国	51	49	45	40	38	37	35
印度	55	50	48	45	43	40	38
法国	56	50	48	42	41	40	38
印度尼西亚	49	43	40	38	36	34	33

发往日本东京的一票计费重量为150千克的快件，它的资费为多少？假设不包括包装费、燃油附加费和其他费用。

解：从运价表上查日本100千克+（大于100千克，小于等于300千克）的费率为27元/千克

资费=150×27=4050（元）

ⅳ 国际快件资费计算有时还需要加上燃油附加费

比如此时的燃油附加费率为9%，还需要加上：资费×9%

资费=运费+运费×折扣燃油附加费+包装费用+其他不确定费用

例：一票快件，重量是10.3千克，报价是首重价格100元，续重价格50元，燃油附加费率为9%，包装费为20元，其他不确定费用为10元，总资费为多少？

解：资费=首重价格+（重量（千克）×2-1）×续重价格

=100+（10.5×2-1）×50

=1100（元）

总资费=资费+资费×折扣燃油附加费+包装费用+其他不确定费用

=1100+1100×9%+20+10

=1229（元）

快递业务操作

根据表 3-3 国际快递报价表，计算运单号码为 20171227001、20171227002、1000200012001、20171227003 的全球快件资费？

核对快递代理账号余额，如果余额不足，则提示快件代理交纳现金或转账将账号余额补足。将 4 票快件在外包装上粘贴国际快件 DHL 标识，按文件和包裹分别准备进行查货操作（见图 3-1 一票多件快件）。

表 3-3　国际快递报价表

单位：元

地区	文件		包裹	
	首重 0.5 千克	续重每 0.5 千克	首重 0.5 千克	续重每 0.5 千克
泰国	80	25	90	23
巴西	260	120	280	140
马来西亚	80	25	90	25
新加坡	80	25	90	25
日本	120	30	130	40
韩国	100	25	100	25
美国	220	80	260	100
印度	280	120	280	140
法国	240	100	260	110
印度尼西亚	120	50	130	50

（2）查货

打开包裹包装，检查物品，首先检查一下包裹里有没有禁限寄物品，其次清点一下纯棉衬衣的件数是否为 30 件（如果件数不符，应要求快件代理确认），最后检查一下运单上的品名是否符合国际快递要求、海关报价是否符合海关要求。如不符合，需要用圆珠笔在原单上改正，书写要用力，字迹要清晰。

书写英文品名（英文品名格式为"SAMPLE OF+ 名词"或"名词 +SAMPLE"，如塑料盒样品的英文品名书写为 SAMPLE OF PLASTICAL BOX 或 PLASTICAL BOX SAMPLE），书写海关报价（格式 USD：10/2BAG@5，意思是该票快件一票两件，由两个包裹组成，每包物品价值 5 美元，共计 10 美元；格式 USD：30/3CTN@10，意思是该票快件一票三件，由 3 个纸箱组成，每箱物品价值 10 美元，共计 30 美元）。

运单号码为 1000200012001 快件的英文品名为 SAMPLE OF GLASS ARTIFICIAL LIGHT，海关报价为 USD：30/1CTN@30；运单号码为 20171227003 的快件的英文品名为 100%COTTON SHIRT，海关报价为 USD：150/30PCS@5。封好包装，如果包装物料不符合

国际快件快递公司要求，应保留原包装，将原包装带物品一起装入新包装中。寄件人要求走 DHL，就必须使用 DHL 的文件封等包装物料及 DHL 运单。玻璃工艺灯具样品要按照易碎物品包装要求做好防震包装，并贴好易碎标签。国际快件查货流程如图 3-2 所示。

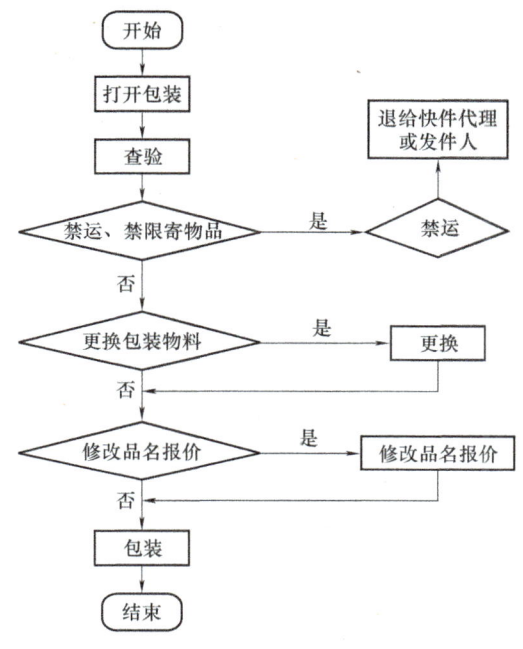

图 3-2　国际快件查货流程图

（3）录入信息

录单员负责把运单信息准确录入国际快递国际快件操作系统，生成电子数据，打印形式发票。其中运单号码为 20171227001、20171227002、20171227003 的快件采用了非 DHL 运单，需要在系统中做换单操作，将这三票快件的运单信息准确录入系统，特别注意收件人信息部分必须和原单一致，打印 DHL 运单和形式发票。在运单号为 1000200012001 的快件入机后，将形式发票和运单各一联装订留底，各一联装订作为交接资料，其余随货装到快件的窗口贴里。在快件的外包装上用黑色大头笔书写目的地国家二字代码和运单号码（见图 3-3），如为一票多件的快件每件都要写上件数和运单号码，如一票三件的发往泰国的快件，运单号码为 10001010，则在三件快件外包装上分别书写 TH 10001010 1/3、TH 10001010 2/3、TH 10001010 3/3，书写位置参考图 3-3，在 1/3 件的窗口里必须有形式发票或海关要求的其他随货单证。运单号码为 20171227001、20171227002、20171227003 的快件入机后打印的新运单号码分别为 100020171225001、100020171225002、100020171225003，将原单、新运单、形式发票各一联装订留底，各一联装订作为交接资料，新运单、形式发票及相关单证随货装到快件的窗口贴里。在快件的外包装上用黑色大头笔书写目的地国家二字代码、原运单号码、新运单号码，如为一票多件的快件每件都要写上国家二字代码、件数、原运单号码、新运单号码。

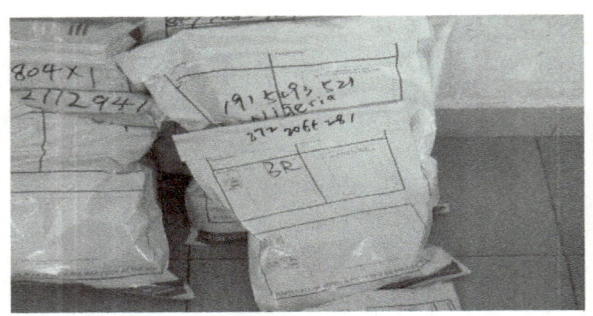

图 3-3　用大头笔写上运单号和国家二字代码的包裹

（4）分拣出货（CHECK OUT）

把国际快件按不同的运营商进行分拣装到不同的总包里，如 DHL、FEDEX、TNT、UPS 等。这里将国际快递采用不同渠道的多票快件分别装到各自对应的总包里，一票多件的快件只能装到一个总包里，不能分装，总包清单及相关单证套上塑料袋，装入对应的总包里，在总包外面用大头笔写上总包唛码。将这 4 票快件装到一个总包里，总包唛码为：

TO DHL

袋号：B10000101

共 4 票 5 件

重量：31 千克

2017.8.21

拴好包牌，封扎总包。（提示：DHL 分拨中心收件后再按照国家二字代码（表 3-4）或机场三字代码（附录 F）按不同快件路由分拣。）

（5）发到货预报

将发往 DHL 的所有快件总包的总包清单信息通过 EMAIL 或其他渠道发给需要接货的 DHL 分拨中心，使接货方做好进一步操作准备。

（6）出口清关

1）快件分类

其中邀请函、合同、提单属于文件类快件，灯具、衬衣、玩具、布鞋属于货物 I 类快件。（注：我国海关规定，一般商品出口均不需征税，因此出口快件一般都归为货物 I 类快件）

2）定义出口货物总单

在定义出口货物总单下，录入司机信息、卡车号码、出口日期、报关类型，需注意出口时间的定义。

3）录入报关清单的方式包括散货录入和从操作部导入数据

散货录入：按清单录入其运单号码、件数、重量、中文品名、申报价值、数量、单位及代理名称。

数据导入：在快件系统中选择出口总运单号，然后选择需要导入的总单数据。数据调出来后点击小屏幕,将数据类型由 C 修改为 B。难以确定的货物或大货抄写出来让做单员查验。最后点击完成键导入数据,完成存盘。

4)整理报关清单:查看价值、数量、品名、单位是否符合海关规定,检查品名后面是否都有"货样"字样。相同品名或相同价值的快件信息尽可能错开。

5)复核总单重量:在整理报关清单数据时,将重量按单票计算修改成按实际装货重量计算,然后存盘。

6)根据工作任务制作报关单

报关单号:陆 ZWY0201710XXX

运营人名称:中外运空运

进/出口岸:深关机场

运输工具航次:粤 ZDF58 港

进出口日期:2017-10-21

总运单号:5000012340055

报关单制作结果:KJ1 报关单如图 3-4 所示,KJ2 报关单如图 3-5 所示。

7)装订报关单

按监管海关的要求进行装订并加盖骑缝章。一般的装订顺序为,载货清单→KJ1 报关单→KJ2 报关单→随附单证(运单、形式发票等)。

8)申报

电子预申报后,按监管海关的要求将报关单证递交给现场审单关员。海关审单关员接到申报资料后进行审单作业(包括下达指令,如查验、扣仓、放行)。

序号	分运单号码	名称	件数	重量(KG)	收/发件人名称	验放代码
1	20171227001	文件资料 1 份	1	0.2	深圳市罗湖区××路深圳××学院李××/美国	
2	20171227002	文件资料 4 份	1	0.7	深圳市罗湖区嘉宾路××号物流公司段××/法国	

图 3-4 KJ1 报关单

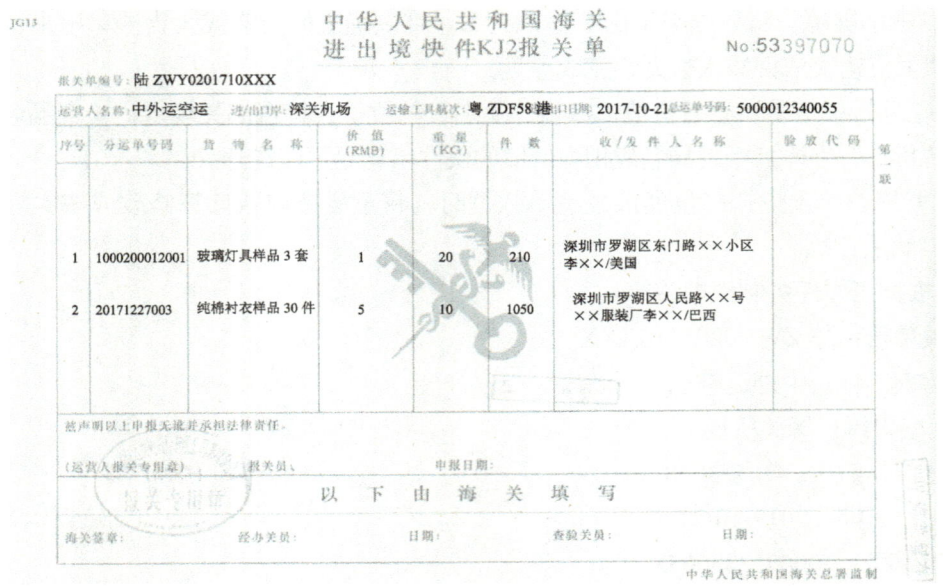

图 3-5　KJ2 报关单

9）快件运载车辆进场

凭审单关员已签章的报关单证向快件监管中心申请车辆进场，并在监管中心安排的查验平台停靠。

10）海关查验

根据现场海关的查验指令及查验要求，将需查验的快件整齐地摆放在查验区，报关员协助海关关员对快件进行查验。查验时，海关凭 KJ 报关单和查验清单对快件进行开箱检查，核对申报的资料是否与实际货物一致。

11）放行

海关关员查验没发现问题且已签字确认放行后，向现场海关申领关锁，在海关的监管下对快件车辆加锁，然后在海关办理快件运载车辆的转关手续。

（7）信息反馈

快件签收结果由全球快递运营商反馈给企业，企业再通过系统供客户网上查询或电话查询。

> **知识链接**
>
> 海关根据《中华人民共和国海关对进出境快件监管办法》（以下简称《进出境快件监管办法》）对进出口快件进行监管。
>
> 《进出境快件监管办法》将进出境快件分为文件类、个人物品类和货物类三种。文件类指法律法规规定予以免税且无商业价值的文件、单证、票据及资料。个人物品类指海关法规规定自用、合理数量范围内的进出境的旅客分离运输行李物品、亲友间馈赠物品和其他个人物品。

5. 自检自测

（1）写出下列国家的二字代码

美国	英国	法国	德国
意大利	瑞典	挪威	西班牙
荷兰	希腊	俄罗斯	葡萄牙
比利时	埃及	以色列	阿联酋
南非	沙特阿拉伯	新加坡	马来西亚
韩国	日本	印度	泰国
菲律宾	斯里兰卡	加拿大	墨西哥
澳大利亚	新西兰	苏丹	巴西
阿根廷	智利	秘鲁	古巴
叙利亚	黎巴嫩	卡塔尔	土耳其
瑞士	丹麦	约旦	科威特
芬兰	印度尼西亚	阿曼	

（2）写出下列物品的英文品名

传感器	罐头食品
电感器	蜡烛
热水器	屏风
加热器	椅子
控制器	充电器
选择器	毛笔画
连接器	离合器
接收器	水龙头
三极管	线圈
转换器	梳子
报警器	换向器
继电器	计数器
放大器	杯子
阀门	机芯
窗帘	二极管
喇叭	刺绣
电池	布

火炉	鱼竿
保湿机	叉子
刷子	保险丝
剪刀	纱布
目录	大理石
底片	烤架
磁盘	研磨机
图画	发夹
公仔	头盔
玩具	合页
锯	榨汁机
尺子	水壶
锤子	灯头
把手	灯座
刨子	灯笼
铁钉	鞋楦
折尺	液晶显示片
卷尺	发光二极管
木槌	水平仪
砂纸	大理石
扳手	按摩器
钳子	雾化器
裁纸器	拖把
圆规	蚊帐
地球仪	名片
粉笔	餐巾
笔记本	空白电路板
颜料	扑克牌
望远镜	压力锅
显微镜	压力计

火花塞	雨衣
真空管	锯片
画板	秤
钢丝锯	滑板车
三角板	刮刀
螺丝刀	感应器
开关	铲子
插座	花洒
烤炉	镰刀
足球	焊枪
橄榄球	鞋底
篮球	听诊器
羽毛球	标签
羽毛球拍	计时器
排球	盘子
网球	三脚架
棒球	轮胎
高尔夫球杆	吸尘器

（3）翻译下列英文地址

13/F, Skyworth Building, Nanshan Zone, Shenzhen, Guangdong, China

6051F Arlington Richmond Falls Church, UNITED STATES

Hadan2-dong840, Busan604-714, Republic of Korea

（4）计算国际快递资费

一票出口的国际快件，重量是 10.3 千克，报价为首重 0.5 千克，价格 100 元，续重价格为每 0.5 千克 50 元，燃油附加费率为 9%，包装费为 20 元，其他不确定费用为 10 元，总资费为多少？（提示总资费＝资费＋资费×折扣燃油附加费＋包装费用＋其他不确定费用）

6. 心得体会

请你写出 600 字以上的学习心得体会。

要求：主要写出你做国际快递国际快件出口操作时出现了哪些错误，分析原因，提出解决办法和改进建议，总结国际快递国际快件出口操作重点、难点。

7. 经验之谈

理货要认真细心，采用勾对法核对单证，清点件数，注意一票多件。

查货要每件必查，特别注意禁限寄物品，目前，存在利用快递夹带毒品的犯罪活动，所以查货时遇到白色粉末时要拒绝收件，退给快件代理或寄件人。

入机时一定要严格按照寄件人写的运单原样录入，并将原单清晰联及新单一联存档。以备出现错误投递时查询，分清责任。

国际快递国际快件出口快递操作基本功包括牢记主要国家二字代码、主要国家首都及重要城市、常用快递物品品名英文名称，英文及数字打字要快；熟悉航空提货流程，熟悉进口报关流程。

3.2.2 国际快递进境快件操作

1. 领受工作任务

如果你已经清楚阅读了工作任务书，请领受国际快件进口快递操作工作任务，并在任务书上签名确认。

工作任务书

根据全球快递企业发来的到件预报，进行进口预报关、现场进口报关、分拨派送、签收信息反馈等操作。

要求：提高职业素养，维护企业形象，快速制作进口快件报关单，完成分拨派送，制作签收信息表并及时反馈给全球快递企业。

领受任务签名：
年　月　日

---

2. 工作任务分析

（1）国际快件进口快递操作任务分析

国际快件进口快递操作任务的关键点在于进口清关，进口清关要认真、仔细，不能出一点差错，否则会延长快件清关时间，影响快递时效。分拨派送与国内异地及同城快递相似。

（2）国际快件进口快递操作任务物品分析

正本提单属于文件类，塑料盒、塑料花和IC芯片属于包裹类。

3. 实施步骤

第一步：进口报关。

第二步：分拨。

第三步：发到件预报。

第四步：信息反馈。

4. 实施过程

（1）进口报关

根据收到的国际快件到件预报在报关系统上制作电子报关单，进行电子预申报。海关电子审单，如准确无误则系统会返回接受申报的提示，否则需修改制作，重新申报，直到海关接受申报为止。

打印纸质报关单，准备好报关相关单证。

待快件到达海关监管中心，报关员先检查总包，核对快件，再在交接单上签字完成快件交接，要特别注意价值昂贵快件交接时应查内件数量。

交接完毕后到海关交单查验（如属于《出入境检验检疫机构实施检验检疫的进出口商品目录（2018年）》（以下简称《法检目录》商品，应先报检后报关），海关查验后，签章放行。

（2）分拨

海关查验放行后，提取、装运快件运输至公司分拨中心，运单号为100020171215001的快件分拨到××同城快递分拣场地，其余三票快件分拨到国内异地快件分拣场地。分运单号100020171231002和100020171231004的快件分拣到上海的分拣箱里，装入发往上海的总包里。运单号100020171231003的快件分拣到北京的分拣箱里，装入发往北京的总包里，通过航空运输送达上海、北京。

（3）发到件预报

向北京、上海的合作伙伴或公司分部通过EMAIL或其他渠道发送到件预报，使其提前做好接货准备。

（4）信息反馈

快件签收结果由合作伙伴或公司分部反馈给企业，企业再发给全球快递公司或在全球快递公司系统上录入签收信息，供客户查询。

5. 自检自测

1）画出国际快递国际快件进口清关流程图。

2）根据工作任务信息制作给上海方面发送的到件预报。

6. 心得体会

请你写出600字以上的学习心得体会。

要求：主要写出你做国际快递国际快件进口操作时出现了哪些错误，分析原因，提出解决办法和改进建议，总结国际快递国际快件进口操作重点、难点。

7. 经验之谈

国际快件进口快递时效控制的关键在于国际快件进口报关是否顺畅，一定要认真做好电子预申报工作，力争一次性通过。如实填报海关报价，避免高值低报，造成海关扣件，影响快递时效。

3.3 项目评价

3.3.1 项目评价内容

1）找出国际快递禁限寄物品，查货速度达到 30 秒 / 票。
2）在 5 分钟内写出 10 个主要国家的二字代码和 10 个主要机场的三字代码。
3）在 20 秒内准确计算出国际快递资费。
4）在 3 分钟内准确填写一份运单，能在 1 分钟内准确录入一份运单。
5）在 1 分钟内完成运单、标识粘贴，并在外包装上正确书写唛码。
6）在 20 分钟内完成国际快件进口报关单证和出口报关单证的制作。
7）在 5 分钟内制作到件预报。
8）按 30 秒 / 票的速度准确录入签收信息。

3.3.2 项目评价一览表

评价要素	评价标准	评价依据	评价方式			权重
			小组	学校	企业	
职业素质	（1）遵守学校或企业管理规定 （2）按时完成学习及工作任务 （3）有吃苦耐劳、团结协作精神 （4）服从管理，文明操作 （5）有组织研讨的能力 （6）工作积极主动、勤学好问	（1）考勤 （2）工作及学习表现	0.1	0.4	0.5	0.2
专业知识及技能	（1）熟悉国际快递国际快件作业流程 （2）熟悉国际快递国际快件作业各环节的操作规范，能独立、规范地完成各业务环节的工作	（1）工作规范 （2）专业理论知识点以卷面或项目技术总结与答辩形式考核 （3）专业技能：完成一项典型的国际快递国际快件作业	0.1	0.5	0.4	0.7
创新能力	（1）在小组讨论中提出自己的见解，具有创新性，特别是对国际快递国际快件作业方案提出见解，具有创新性 （2）对教学或企业管理提出意见和建议，具有创新性 （3）操作方法或作业流程设计的创新性 （4）其他类型的创新性业绩	（1）口头或书面建议 （2）技术或流程改良报告 （3）操作视频记录 （4）企业评语	0.3	0.3	0.4	0.1

3.4 项目拓展

3.4.1 国际快递企业的客户

1. 按快件归属分为快件代理和快件直客

（1）快件代理

一些小的快递企业收取自己不拥有所有权的快件，无法以自己的名义直接走货或自己直接走货不经济而把快件交给大的国际快递企业走货。这样的快件企业称为快件代理。快件代理在收件时一般使用本公司的包装物料和运单。国际快递企业收快件代理的快件时，要注意核对总运单（快件代理为寄件人的运单）、分运单（向快件代理交付快件的企业或个人为寄件人的运单）和快件是否相符。

（2）快件直客

不负责收取他人快件，直接作为寄件人并且对所发快件拥有所有权的企业、组织和个人。

2. 按快递费用结算方式分为月结客户和现结客户

（1）月结客户

国际快递企业要求客户开设支付资费的账户，在账户中存入资费，每次走货由支付结算系统自动划拨资费，如资费不足，则快件操作系统显示不能操作，待在账户内存入足够款项后，系统方能操作。月结客户一般是和公司长期合作的快件代理和大客户，快件收发比较频繁，有一定货量。

（2）现结客户

每次发件都要以现款支付资费，支付完资费后即可操作。现结客户一般为快件直客或小的快件代理，发货次数少或偶尔发货。

3.4.2 快件报关

1. 快件报关的内涵

快件的报关和查验应当在运营人所在地海关办公时间和专门监管场所内进行。如需在海关办公时间以外或专门监管场所以外进行，需事先征得海关同意，并向海关无偿提供必需的办公场所及必备的设施。

进境的快件，应当在运输工具申报入境后 24 小时内向海关办理报关手续；出境的快件，应当在运输工具离境前 3 小时向海关办理报关手续。

运营人经营进出境快件业务，应当承担下列义务：

1）及时向海关呈交快件通关所需的单证、资料，并如实申报所承运的快件。

2）通知收、寄件人缴纳或代理收、寄件人缴纳快件的进出口税款，并按规定对进出境快件交纳规费、监管手续费等。

3）除经海关准许的情况外，应当将监管时限内的快件存放于专门设立的海关监管仓库内，并妥善保管。未经海关许可，不得将监管时限内的快件进行装卸、开拆、重换包装、提取、派送、发运或进行其他作业。"监管时限"是指进境快件自运输工具向海关申报起至办结海关手续止；出境快件自向海关申报起至运输工具离境止。

4）海关查验快件前，运营人应当对快件进行分类。海关查验快件时，运营人应当派工作人员到场，并负责快件的搬移、开拆、重封包装等。

5）发现快件中含有禁止出境的物品，不得擅自处理，应当立即通知并协助海关进行处理。

除另有规定外，A、B、C三类快件按下列规定报关：

A类快件凭KJ1报关单、总运单、每一快件的分运单、发票向海关办理报关手续。

B、C两类快件分别凭KJ2或KJ3报关单、总运单、每一快件的分运单、发票向海关办理报关手续。按上述规定报关的A、B、C三类快件，海关根据情况，可以要求运营人在物品放行前提供与物品有关的详细书面资料。

D类快件应当向海关提交进出口货物报关单及货物、物品进出口有关的单证办理报关手续。

海关对符合监管要求的快件，可以接受运营人通过电子数据交换（EDI）方式的报关。通过EDI方式向海关报关与通过书面文件方式向海关报关具有同等的法律效力。

2. 专差快件的报关

运营人通过专差方式承运快件进出境，也应当按规定向海关办理备案审批手续。经审核批准后，由所在地海关发给《专差快件登记备案证书》，运营人凭海关所发证书办理报关手续。专差快件应当在运营人所在地海关指定的本关区内的口岸进出境，并按上面3.4.2.1的规定办理报关手续。

运营人应当将专差快件进出境的时间、承运路线、运输工具航（车）次、专差的详细情况等报所在地海关备案。前述情况需要变更的，运营人应当于前15日报请所在地海关核准。

专差快件应当使用专门的包装，其总包装上应当标注运营人名称及"专差快件"字样。

3. 注意事项

快件中的下列物品，海关分别按照有关规定验放：

1）个人自用物品。

2）外国驻华使、领馆及其人员进出境的公、私用物品。

3）联合国各专门机构、其他国际组织驻华代表机构及其人员进出境的公、私用物品。

4）外商常驻机构及其人员进出境的公、私用物品。

进出口商品的收货人或者发货人可以自行办理报检手续，也可以委托代理报检企业办理报检手续；采用快件方式进出口商品的，收货人或者发货人应当委托出入境快件运营企业办理报检手续。关于国际快件海关监管流程以快件海关监管中心为例如图3-6、图3-7和图3-8所示。

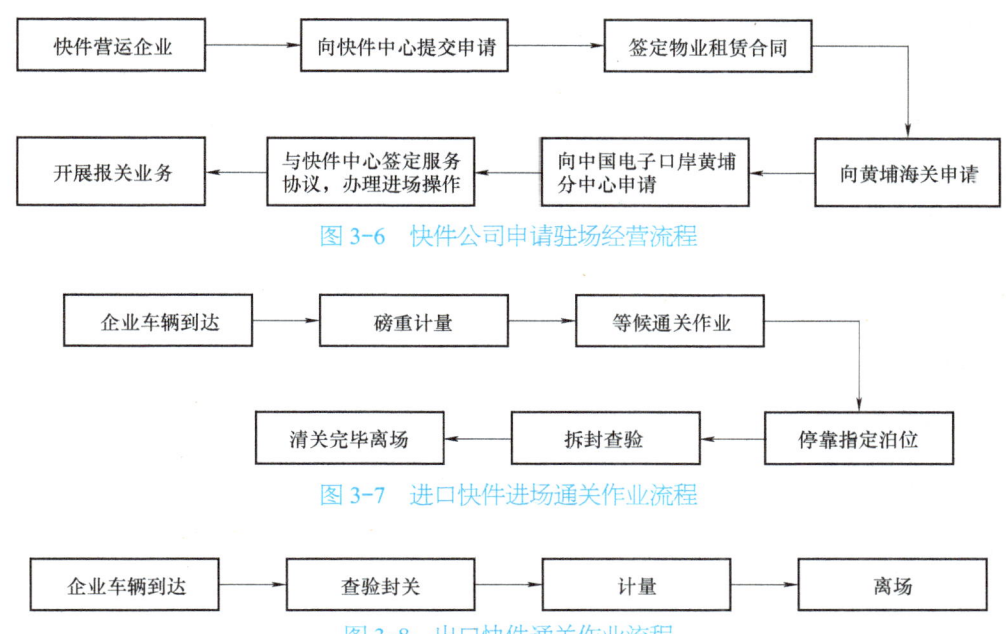

图 3-6　快件公司申请驻场经营流程

图 3-7　进口快件进场通关作业流程

图 3-8　出口快件通关作业流程

3.4.3　国际快递注意事项

1. 寄件人名址用英文书写

收寄国际邮件时，收、寄件人名址均需用英文书写。检查中发现，有相当一部分国际邮件的寄件人名址为中文，这样如果快件传递正常的情况下不会有什么影响，但一旦出现异常情况，寄达国快件处理部门需要将快件的全部信息输入系统，由于系统的工作语言为英语，中文无法输入，极可能造成邮件被搁置，导致邮件延误。

2. 物品类国际特快邮件必须随附发票

商业发票（或形式发票）是证明邮件（快件）内容、品名、价值等的凭证，亦是海关依法进行监管和征税的重要凭证之一，属报关文件的一种。

海关规定，所有物品类快件必须随附商业发票或形式发票。

发票填写要求如下：

1）发票上应详细列明快件号码、交寄单位名称、地址、电话、联系人、收件人名址、内件性质、数量、价值、原产国名等。

2）发票上应盖有交寄单位的公章并由交寄人签名，属私人交寄的快件可只签交寄人姓名。

3）标注内件名称禁止使用如服装、礼品、货样、包裹、硬件等泛义词，正确的标注方式是，"服装"要求写明是上衣或是裤子，上衣要说明内衣或外衣，有无袖，裤子要注明长裤或短裤，同时注明质地、衣料成分，棉、纤百分含量；"电子产品"要注明型号、用途，不能简写为"电子零件"；"皮革制品"要特别注明该皮料是否属保护动物（鳄鱼皮等，大部分国家都不准进口），并注明用途；对作为样品交寄的物品，特别是服装类，均应做破坏性处理，服装上标注"SAMPLE"字样，皮鞋或布鞋只能单只交寄。

4）标注数量时用阿拉伯数字填写，并用美元申报价值。

5）用打字机或打印机以英文打印发票内容。

3. 物品类国际特快邮件的价值申报

国际特快邮件内件价值应据实申报。有些客户担心申报价值高，会造成多征税或扣关，因此采取了虚报的做法，如整箱的皮鞋、衬衫只申报一美元。这种做法实际上是弄巧成拙，海关肯定要扣关，且有罚款的可能。虚报价值的另一个弊端是，一旦邮件丢失、损毁，会给赔偿工作带来困难。所以，收寄人员发现内件价值明显与申报价值不符时，应予以指出并改正。

发达国家对低于100美元的物品一般不会征税，所以申报国际特快专递的价值时，应据实申报，以便顺利通关。但印度等欠发达国家，为限制进口，对价值很低的物品，有时要征收很高的关税。收寄部门要对寄件人做好解释工作，请其商定好由哪方来支付相关税费，以便快件顺利投交。

4. 时限无保障、查询难的国际邮件的收寄

1）收寄部门要随时根据上级部门的业务通知，修改、更新业务资料，严把收寄关；根据有关国际邮件的查询答复质量情况通报，对寄往不同国家和地区的快件选择不同的发运渠道。

2）非洲地区、美洲地区（特别是哥伦比亚、古巴、墨西哥等）、南亚、东南亚和阿拉伯地区（特别是孟加拉、印尼、巴基斯坦、科威特、印度等），邮件传递时限无保障、查询难，收寄人员收寄寄往上述国家和地区的邮件时，要特别对客户声明时限和投递信息反馈无保障，并提醒客户详细阅读邮件详情单背面的"用户须知"，详细告知若发生邮件丢失、延误，收寄部门只承担有限赔偿责任的有关规定，以解决客户要求赔偿间接损失的问题。

5. 国际快递时限的解答

解答客户对邮件传递时限询问时，应注意以下几方面：

1）快件寄达时间是否为寄达国的工作日。多数发达国家周日休息，不投递快件，有些国家周六也休息，所以如果是周三、周四、周五收寄国际特快专递，答复时限时应特别注意，有可能快件寄达时寄达国为休息日，时限会延长，应向客户解释清楚。

2）欧洲大部分国家周六、周日休息，不投递；香港周六、周日不投递（但若收件人急用，与当地特快专递部门联系，可有偿投递）；中东地区国家周五为休息日，不投递，周六、周日正常工作；私人快递公司（TNT、GDSK、ASG）周六、周日不投递。

3）美国周六上午投递，周六下午、周日休息。

4）日本 EMS 邮件原则上每天投递，但日本大部分企业周六、周日和节假日不营业，故凡寄往日本的 EMS 邮件在休息日后的第一个工作日投递。

5）同一寄达国，不同寄达地，时限上不一定相同。寄达国也有互换局与非互换局之分，如果寄达地为互换局，则快件投递较快；但如果寄达地为非互换局或较偏远的地区，可能会晚 0.5～1.5 个工作日。例如，寄往美国的旧金山、纽约的快件时限为 2.5 天，而寄往美国的阿拉斯加、迈阿密的快件时限有可能延长至 3 天或 3.5 天。其他国家同理。

6）寄往各国首都的快件，不一定比寄往该国其他城市的快件快。有些国家的首都为非互换局所在地，也并非航空枢纽，所以寄往首都的快件不一定比寄往该国互换局所在城市的快。如美国的华盛顿、德国的柏林等并非互换局，寄往旧金山的快件比寄往华盛顿的快，寄往法兰克福的快件比寄往柏林的快。

思考与练习

1. 通过搜索引擎查找 DHL、UPS、TNT、FEDEX 公司对快递代理的操作要求。
2. 假如在深圳成立了一家国际快递公司，想通过 DHL 的渠道开展国际快件快递业务，应该怎么办？
3. 怎样提高国际快递国际快件的操作速度，怎样降低操作差错率？

项目 4　香港件操作

PROJECT 04

港澳台快件是指内地用户与香港、澳门、台湾地区用户相互寄递的快件。
香港件是指内地用户与香港地区用户相互寄递的快件。

4.1　项目描述

深圳××快递公司经营香港件出口快递和香港件进口快递业务。香港件出口快递业务由若干代理商负责收件，然后将快件交到该企业操作中心，该企业按照××香港件快递企业要求主要使用自己的物料对快件进行操作，操作完毕的快件通过出口报关交接给香港快递企业进行派送或本企业香港分部进行派送。香港件进口快递业务由接收到货预报开始，然后交接快件，进口报关，分拨派送，信息反馈。

某日上午 9:00 公司××快递代理交来 4 票快件：

深圳市罗湖区××路××号，××学院李××，电话为 1380000××××，需快递一份合同到香港大埔，要求派送。运单为代理公司运单，运单号码为 20171228001，注明实际重量为 0.2 千克。

深圳市罗湖区嘉宾路××号××物流公司段××，电话为 1356543××××，快递 4 份研讨会邀请函到香港旺角，要求自提。运单为代理公司运单，运单号码为 20171228002，注明实际重量为 1.7 千克。

深圳市罗湖区东门路××小区 22 栋 1 单元 501，李××，电话为 1367890××××，快递一箱铁盒到香港屯门，要求自提。运单为代理公司运单，运单号码为 20171228003，注明实际重量为 5.8 千克。

深圳市罗湖区人民路××号××玩具厂李××，电话为 1380034××××，快递 3 箱玩具样品到香港荃湾，要求派送。运单为本公司运单，运单号码为 1020171228004，实际重量为 10 千克。

上午 10:00 公司操作部门收到公司相关部门转来的香港件到货预报，见表 4-1。

表 4-1　香港件进口快递到件预报表

××公司　　　电脑编号：74880　　　日期：2017.12.31　　　总包袋号：H2017123101

序号	运单号	品名	内件数量	件数	重量/千克	海关报价/元	收件人	收件人地址	联系电话
1	100020171231001	塑料花		1	2	10	李××	广东省深圳市××区××小区 2 栋 1 单元 502	1380094××××
2	100020171231002	塑料盒		1	2.7	5	陈××	上海市××货运代理公司	1360030××××

（续）

序号	运单号	品名	内件数量	件数	重量/千克	海关报价/元	收件人	收件人地址	联系电话
3	100020171231003	手机	2	1	1.2	200	丁××	北京市西城区西外大街22号××通信器材公司	1368890××××
4	100020171231004	正本提单		1	0.7		魏××	上海市××货运公司	1368877××××

制表人：孙××　　　　预报日：2017.12.31　　　该批快件于2017.12.31 16:00进境

香港件操作项目包括香港件出口快递任务和香港件进口快递任务。香港件出口快递任务按是否派送分为香港派送件和香港自提件，包括对快件代理交来快件的理货、查货、入机、出货、出口报关、信息反馈等操作。香港件进口快递任务包括接收到货预报、交接快件、进口报关、分拨派送、信息反馈等操作。

4.2 项目实施

4.2.1 香港件出口快递

1. 领受工作任务

如果你已经清楚阅读了工作任务书，请领受香港件出口快递工作任务，并在工作任务书上签名确认。

> **工作任务书**
>
> 对快递代理交来的4票香港件进行理货、查货、入机、出货、出口报关等操作。
>
> 要求：提高职业素养，维护企业形象，正确填写运单，准确核对资费，核对物品，别除禁限寄物品，妥善包装物品，快速录入运单，打印运单和形式发票，出货，制作出口报关单，完成出口报关，通过运输将快件交给香港件快递服务商。
>
> 领受任务签名：
>
> 　年　月　日

2. 工作任务分析

（1）香港件出口快递操作任务分析

出口的香港件包括香港自提件和香港派送件。香港件出口快递操作任务从对快件代理或直接客户交来的香港自提件和派送件进行理货开始，到出口清关、信息反馈为止。操作人员要熟悉香港件出口快递的操作要求，工作认真细心，操作速度要快。理货要细心，核对单据，清点件数，检查外包装。查货要认真仔细，牢记禁限寄物品及香港海关的特殊清关要求。入机要快速准确，严格按照运单内容录入，不能出丝毫差错。在总包袋上书写唛码，拴挂总包包牌，扫描包牌条码，将快件扫描条码后装入总包，封扎总包。出口报关注意香港海关的最

快递业务操作

新规定，熟悉报关流程，谨慎细心。要认真制作到货预报，及时发送；信息反馈要求及时准确。

（2）香港件出口快递操作任务物品分析

合同与正本提单属于文件类，铁盒和玩具属于包裹类；按是否上门派送来划分，合同与玩具属于香港派送件，邀请函和铁盒属于香港自提件。

3. 实施步骤

第一步：理货（CHECK IN）。

第二步：查货。

第三步：入机。

第四步：分拣出货（CHECK OUT）。

第五步：发到货预报。

第六步：出口清关。

第七步：信息反馈。

4. 实施过程

（1）理货（CHECK IN）

采用"勾对法"核对快件清单，检查一下4票快件，一票一件的快件有3票，一票多件（1票3件）的快件1票，其中文件2票，包裹2票，用卷尺或磅秤复核快件重量，发现运单号码为20171228003的快件复核重量为6.1千克，运单号码为1020171228004的快件体积重量为10.1千克，与快件代理注明的重量有出入，要求快件代理在快件交接单上计费重量栏更正并签字确认，然后由快递系统核算资费，香港派送件原则上不计算体积重量，但当一票轻泡货物的体积重量超过实际重量50%时，则该票快件的计费重量=（实际重量+体积重量）÷2。例如，快件实重为100千克，体积重量为150千克，则其计费重量为（100+150）÷2=125千克。

根据表4-2香港件出口快递报价表，计算运单号码为20171228001、20171228002、20171228003、1020171228004的全球快件资费？

核对快递代理账号余额，如果余额不足，则提示快件代理交纳现金或转账将账号余额补足。在运单号为20171228001和1020171228004的快件在外包装上粘贴香港派送件香港自提件标识，在运单号为20171228002和20171228003的快件在外包装上粘贴香港自提件标识，按文件和包裹分别准备进行查货操作。

（2）查货

打开包裹包装，检查物品，首先检查一下包裹里有没有禁限寄物品，然后检查一下运单上的品名、数量是否具体，不能只写样品，运费到付快件需要清楚注明"运费到付"或"C.O.D."，香港到付快件还需注明到付金额，所有快件运单上必须提供快件的件数、重量，提供的运单如是影印件，请务必提供清楚的影印件。海关报价是否符合海关要求。如不符合，需要用圆珠笔在原单上改正，书写要用力，字迹要清晰。

查货完毕，封好包装，如果包装物料不符合公司或香港快递公司要求，应保留原包装，将原包装带物品一起装入公司新包装中，封好包装。

表 4-2 香港件出口快递报价表

单位：元

区号	区域名称	中港费	派送费						偏远费每票	加急费（如发生）每票
			小货		大货（免首重）					
			首1千克	续每1千克	31～150千克每千克	151～300千克每千克	301～500千克每千克	超过500千克每千克		
1	香港区									
	西环、上环、中环、金钟、湾仔、铜锣湾、天后、炮台山、北角、鲗鱼涌、太古、筲箕湾、柴湾、坚利地城									
2	九龙区									
	观塘、九龙湾、新浦岗、土瓜湾、红磡、尖沙咀、佐敦、油麻地、旺角、大角咀、太子、深水埗、长沙湾、荔枝角、油塘、蓝田、黄大仙、乐富、何文田、九龙塘、九龙城	0.0	100	6.0	5.0	4.0	3.5	3.00	0.0	200
3	新界区									
	大围、沙田、火炭、小沥源、青衣、葵涌、荃湾									
4	偏远地区									
	数码港、香港大学、香港仔、黄竹坑、鸭脷州、跑马地、薄扶林									
	将军澳、西贡、清水湾、科技大学、汀九									
	半山区、赤柱、南湾、浅水湾、马鞍山、科学园、大埔、粉岭、上水、元朗、屯门、天水围、深井、中文大学、新田、山顶、渣甸山、大潭、春坎角、西沙公路、乌溪沙、米埔、八乡、洪水桥、屏山、锦绣花园、大榄、新墟、蓝地、虎地、钟屋村、屯门码头、龙鼓滩、黄金海岸、小榄、沙头角、河上乡、古洞、罗湖村、联和墟、坪輋	0.0	100	6.0	5.0	4.0	3.8	3.50	30	300
	石岗、锦田、落马洲、沙头角、流浮山									
5	外围仓	非机场、码头地区的空运、物流或私人仓库								另加收	

（3）入机

入机员负责把运单信息准确录入香港件出口快递操作系统，生成电子数据，打印形式发票。其中运单号码为20171228001、20171228002、20171228003的快件采用了非本公司运单，需要在系统中做换单操作，将这三票快件的运单信息准确录入系统，特别注意收件人信息部分必须和原单完全一致，打印本公司运单和形式发票。运单号为1020171228004的快件入机后打印形式发票，将形式发票和运单各一联装订留底，各一联装订作为交接资料，至少三联运单和三联形式发票随货。一票多件快件运单联数不够的，需要复印运单，随货运单、留底运单、交接运单、一票多件快件的第一件不能用复印件（中东专线、日本专线交接资料运单用复印件，结合后面内容思考一下原因），其余件可用复印件。随货运单装到快件的窗口贴里。在快件的外包装上用黑色大头笔书写香港派送件和运单号码，如为一票多件的快件每件都要写上件数和运单号码。任务中一票三件的发往香港的派送件，运单号码为1020171228004，则在三件快件外包装上分别书写"1020171228004 1/3、1020171228004 2/3和1020171228004 3/3"，书写位置同国际快件，在唛码"香港派送件1020171228004 1/3"的窗口里必须有运单原件、形式发票或海关要求的其他随货单证原件，其他快件只用一联即可，若运单不足，可用运单复印件。运单号码为20171228001、20171228002、20171228003的快件入机后打印的新运单号码分别为1020171228001、1020171228002、1020171228003。将原单、新运单、形式发票各一联装订留底，新运单、形式发票各一联装订作为交接资料，新运单、形式发票及相关单证随货，装到快件的窗口贴里。在运单号为2020171228001、20171228002、20171228003的快件的外包装上用黑色大头笔书写原运单号码、新运单号码。

（4）分拣出货（CHECK OUT）

将出口的香港快件包裹文件分开，分别按香港自提件和香港派送件进行分拣。包裹通过外包装的标识，分拣到不同的分拣箱或分拣笼里，文件采用分拣格架分拣。用黑色大头笔在平铺的总包上书写总包唛码，分别以香港自提件总包（总包袋号H10000101，12票18件，重量30千克，2017.12.28）、香港派送件总包（总包袋号H10000102，10票21件，重量28千克，共3袋第2袋，2017.12.28）为例书写总包唛码。

香港自提件总包唛码为：

香港自提件

袋号：H10000101

共12票18件

重量：30千克

2017.12.28

香港派送件总包唛码为：

香港派送件

袋号：H10000102

共10票21件

共3袋第2袋 2/3

重量：28千克

2017.12.28

然后在总包袋上拴挂总包条码，扫描包牌上的总包条码，建立总包，扫描快件条码后，将快件装到总包袋里，注意将一票多件的快件找齐装入总包袋里。文件要捆扎后装入总包袋里，总包清单附每票快件分运单及相关单证套塑料封套装入总包袋里。

将运单号为 1020171228001、1020171228004 的快件装到香港派送件的总包里，将运单号为 1020171228002、1020171228003 的快件装到香港自提件的总包里。运单号为 1020171228004 的一票多件的快件只能装到一个总包里，不能分装。总包清单、每票快件的分运单及相关单证套塑料封套，装入对应的总包袋里，封扎总包。

（5）发到货预报

快件发出后，请填写发货预报表，以传真或电子邮件的形式通知香港快递服务商或公司分支机构。预报上要写明公司电脑代号及名称、总重量、总件数、香港自提件和香港派送件的票数、香港到付快件运单号码及金额等，在预报中注明总包袋袋号及交接资料放入的总包袋号。

（6）出口清关

与专线件清关相同，这里不再赘述。

（7）信息反馈

快件签收结果由香港快递服务商或公司分支机构反馈给企业，企业再通过系统供客户网上查询或电话查询。

5. 自检自测

1）香港件按是否派送分为哪两类？

2）从网上搜索香港件的服务范围？

3）根据下列总包信息在编织上或练习本上书写总包唛码：

①香港自提件，总包袋号 H2017123101、10 票 21 件、重量 28 千克、1 袋、2017.12.31。

②香港派送件，总包袋号 H2017123102、10 票 31 件、重量 29 千克、3 袋中的第 2 袋、2017.12.31。

6. 心得体会

请你写出 600 字以上的学习心得体会。

要求：写出你做香港件出口操作时出现了哪些错误，分析原因，提出解决办法和改进建议，总结香港件出口操作重点、难点。

7. 经验之谈

理货要认真细心，采用勾对法核对单证，清点件数，注意一票多件。特别注意香港出口快递派送件的服务范围，拒收超范围快件或要求客户将派送件改为自提件。

查货要每件必查，特别注意禁限寄物品，目前，存在利用快递夹带毒品的犯罪活动，所以查货时遇到白色粉末应拒绝收件，退给快件代理或寄件人。

入机时一定要严格按照寄件人写的运单原样录入，并对原单清晰联和新单一联存档。

造成错误投递时,以备查询,分清责任。

出货分拣时注意文件、包裹分开后分拣,包裹类快件直接装入总包袋,一票多件快件不能将任何一件快件遗漏在总包袋外面。体积大的箱形快件不放入总包袋,可作为总包单件操作,文件经捆扎后放入总包袋。

4.2.2 香港件进口快递

1. 领受工作任务

如果你已经清楚阅读了工作任务书,请领受香港件进口快递工作任务,并在工作任务书上签名确认。

工作任务书

根据香港快递企业或公司香港分部发来的到件预报,进行进口预报关、现场进口报关、分拨派送、签收信息等操作。

要求:提高职业素养,维护企业形象,快速制作进口快件报关单,完成分拨派送,制作签收信息表并及时反馈给香港快递企业或公司香港分部。

领受任务签名:
年 月 日

---

2. 工作任务分析

(1)香港件进口快递操作任务分析

香港件进口快递操作任务的关键点在于香港件进口报关,进口报关要认真、仔细,不能出一点差错,否则会延长报关时间,影响快递时效。分拨派送与国内异地或同城快递相似。

(2)香港件进口快递操作任务物品分析

正本提单属于文件类,塑料盒、塑料花和手机属于包裹类,其中手机属于贵重物品。

3. 实施步骤

第一步:进口报关。

第二步:分拨。

第三步:发到件预报。

第四步:信息反馈。

4. 实施过程

(1)进口报关

根据收到的香港件到件预报在报关系统上制作电子报关单,进行电子预申报。海关电子审单,如准确无误则系统返回接受申报的提示,否则需修改制作,重新申报,直到海关接受申报为止。

打印纸质报关单,准备好报关相关单证。

待快件到达海关监管中心，报关员先检查一下总包，核对一下每票快件，在交接单上签字完成快件交接，特别注意昂贵快件的交接要查内件数量，在这里注意手机要点件数。交接完毕后到海关交单查验（如属于《法检目录》商品，应先报检后报关），海关查验后，签章放行。

（2）分拨

海关查验放行后，提取、装运快件并运输至公司分拨中心，运单号为100020171231001的快件分拣到××同城快递分拣箱里。运单号为100020171231002和100020171231004的快件分拣到上海的分拣箱里，装入发往上海的总包。运单号为100020171231003的快件分拣到北京的分拣箱里，装入发往北京的总包，通过航空运输送达上海、北京。

（3）发到件预报

向北京、上海的合作伙伴或公司分部通过电子邮件或其他渠道发送到件预报，使其提前做好接货准备。

（4）信息反馈

快件签收结果由合作伙伴或公司分部反馈给企业，企业再发给香港快递企业或在公司系统上录入签收信息，供客户查询。

5. 自检自测

1）结合工作任务，请给上海的合作伙伴或公司分部制作到件预报？
2）香港件进口快递操作任务的关键点在哪里？

6. 心得体会

请你写出600字以上的学习心得体会。

要求：写出你做香港件进口操作时出现了哪些错误，分析原因，提出解决办法和改进建议，总结香港件进口操作重点、难点。

7. 经验之谈

有内件数量的快件一定要点清楚内件数量再在交接单上签字，以明确责任。

4.3 项目评价

4.3.1 项目评价内容

1）在3分钟内称量香港自提件并计算资费。
2）在3分钟内称量香港派送件并计算资费。
3）在1分钟内完成纺织品类香港件的运单、标识粘贴，并在外包装上正确书写唛码。
4）在3分钟内制作香港件到货预报。
5）按30秒/票的速度完成签收信息录入。
6）在5秒内完成香港件信息查询。

快递业务操作

4.3.2 项目评价一览表

评价要素	评价标准	评价依据	评价方式			权重
			个人	小组	学校（企业）	
职业素质	（1）遵守学校或企业管理规定 （2）按时完成学习及工作任务 （3）有吃苦耐劳、团结协作精神 （4）服从管理，文明操作 （5）有组织研讨的能力 （6）工作积极主动、勤学好问	（1）考勤 （2）工作及学习表现	0.1	0.4	0.5	0.2
专业知识及技能	（1）熟悉香港件快递作业流程 （2）熟悉香港件快递作业各环节的操作规范，能独立、规范地完成各业务环节的工作	（1）工作规范 （2）专业理论知识点以卷面或项目技术总结与答辩形式考核 （3）专业技能：完成一项典型的香港件快递作业	0.1	0.5	0.4	0.6
创新能力	（1）在小组讨论中提出自己的见解，具有创新性，特别是对香港件作业方案提出见解，具有创新性 （2）对教学或企业管理提出意见和建议，具有创新性 （3）操作方法或作业安排具有创新性 （4）其他类型的创新性业绩	（1）口头或书面建议 （2）技术或流程改良报告 （3）操作视频记录	0.3	0.3	0.4	0.2

4.4 项目拓展

4.4.1 香港件分类

香港件按是否上门派送，分为香港派送件和香港自提件。

4.4.2 香港件发运分装及随货单证要求

1. 发运香港件外包装要求

由于有夜间报关出口的香港件，为保证快件准确及时地分拨中转，请发货的快件代理务必在发货前，将快件分开三类：香港自提件、香港派送件、香港中转件。同时将三类快件分开外包装，并在总包牌上写明"香港自提件""香港派送件"或"香港中转件"，以示区别。为防止因吊牌脱落而造成无法区分快件类型的情况，请在总包上注明"香港中转件"等的字样。

2. 随货文件要求

（1）香港自提件和香港派送件

清单一份；快件外包装上至少应有运单三份，运费到付香港件应有四份；所有包裹类快件需在货物上附发票一份。

项目 4　香港件操作

（2）香港中转件

清单一份；快件外包装上至少应有运单四份；所有包裹类快件至少在货物上附发票一份或根据目的地国家的操作要求附规定数量的发票。

3. 快件明细清单的要求

按照海关要求，所有出口快件须按规定格式填写"快件明细清单"，文件类和包裹类快件分开填写。清单内容包括运单号码、中文品名、件数、重量、价值、目的地国家、预付或到付等必要内容。运费到付的香港件请在备注栏内注明到付金额，运费到付的国际快件请在备注栏内注明"运费到付"或"C.O.D."。清单一律用中文工整填写，收件公司资料可以接受英文。包裹类快件需要具体的中文品名，不可简单写"样品"，超过 10 千克的货物，请注明内装物品的数量。包裹类快件要如实填写海关声明价值，如海关声明价值超过人民币 5000 元，请按 D 类快件报关。香港文件、香港包裹必须分别填写清单，DHL 文件和香港中转件包裹可合并填写清单。

4. 运单的要求

通过均辉速递派送的香港件及使用均辉国际专线的快件必须使用均辉公司的运单，运单上需要注明发件公司的电脑代号，运费到付快件需要清楚注明"运费到付"或"C.O.D."，香港到付快件还需注明到付金额，所有快件运单上必须提供快件的件数、重量，提供的运单如是影印件，请务必提供清楚的影印件。

5. 发票的要求

所有包裹类快件需在货物上附发票三份，发票应有所装物品的中英文品名、单价、数量和总价值。品名要详细具体，不可过于笼统或含糊不清。

4.4.3　发货预报要求

快件发出后，请填写发货预报表，以传真或电子邮件的形式通知均辉公司。预报上请写明发件的快件代理电脑代号及名称、始发城市、国内运单号码、航班号、总重量、总件数、香港到付快件的票数、号码及金额等。请务必将香港快件和中转快件的清单分别放在相应的总包内，并在预报中注明该总包袋号。

思考与练习

1. 通过搜索引擎查找香港件的操作要求？
2. 通过搜索引擎查找香港自提件和香港派送件的资费价格？

附　　录

附录 A　禁限寄物品

为了保护国家政治、经济、社会及文化的发展，保证快件传输过程中的人身安全、快件安全及快件操作设备安全，防止不法分子利用快递网络渠道从事危害国家安全、社会公共利益或者他人合法权益的活动，国家对禁限寄物品做了规定。禁寄物品是国家法律、法规明确禁止寄递的物品；限寄物品是对个人寄递的物品限定在一定数量范围内，有价值和数量上的限制。但限寄物品会根据情况变化做出调整和修改。快递收派员在收寄快件时应严格把关，拒绝接收各类禁寄物并按规定接收限寄物品。

1. 禁止寄递的物品

按照国家法律、法规的规定，禁止寄递物品种类及明细如下：

表 A-1　禁止寄递物品种类及明细

种类	明细
各类武器、弹药	如枪支、子弹、炮弹、手榴弹、地雷、炸弹等
各类易爆炸性物品	如雷管、炸药、火药、鞭炮、烟花、起爆引信、催泪弹、发令纸等
各类易燃烧性物品，包括液体、气体和固体	如汽油、煤油、桐油、酒精、生漆、柴油、机油、樟脑油、松节油、发动机启动液、气雾剂、气体打火机、瓦斯气瓶、干冰、充气球体、救生器、蓄气筒、压缩气体、磷、硫黄、火柴、活性碳、钛粉、镁粉、固体胶、橡胶碎屑等
各类易腐蚀性物品	如蓄电池、碱性电池液、火硫酸、盐酸、硝酸、有机溶剂、农药、双氧水、危险化学品等
各类放射性元素及容器	如铀、钴、镭、钚等
各类烈性毒药	如铊、氰化物、砒霜等
各类麻醉药物	如鸦片（包括罂粟壳、花、苞、叶）、吗啡、可卡因、海洛因、大麻、冰毒、麻黄素及其他制品等
各类生化制品和传染性物品	如炭疽、危险性病菌、医药用废弃物等
各种危害国家安全和社会政治稳定以及淫秽的物品	影响国家安全的物品；淫秽出版物、宣传品、手稿、印刷品、胶卷、照片、唱片、影片、录音带、录像带、激光视盘、计算机存储介质及其他物品
各种妨害公共卫生的物品	如尸骨、动物器官、肢体、未经硝制的兽皮、未经药制的兽骨等
国家法律、法规、行政规章明令禁止流通、寄递或进出境的物品	如国家秘密文件和资料、国家货币及伪造的货币和有价证券、仿真武器、管制刀具、珍贵文物、濒危野生动物及其制品等
包装不妥，可能危害人身安全、污染或者损毁其他寄递件、设备的物品等
各寄达国（地区）禁止寄递进口的物品等
其他禁止寄递的物品

2. 限制寄递物品

国家为适应控制某些物品流通和保护某些物品特许经营权的需要，对这些物品的寄递限定在一定范围内，这就是限寄。限寄规定是本着既照顾和方便客户的合法需要和正常往来，又限制投机倒把和走私违法行为而制定的。限定的范围包括价值上的限制和数量上的限制，也就是通常所说的限值和限量。限值和限量的规定会根据海关或国家临时情况变化而有所变更，具体内容以海关当时公布的限值和限量要求为准。

（1）我国限制寄递出境的物品

1）金银等贵重金属及制品。

2）国家货币、外币及有价证券。

3）无线电收发信机、通信保密机。

4）贵重中药材及其制成药（麝香不准寄递出境）。

5）一般文物（指1795年后的，可以在文物商店出售的文物）。

6）海关限制出境的其他物品。

（2）我国海关对限制寄递物品的限量和限值规定

1）限量。根据限量有关规定，在国内范围互相寄递的物品如卷烟、雪茄烟每件以二条（400支）为限，两种合寄时也限制在400支以内。寄递烟丝、烟叶每次均各以5千克为限，两种合寄时不得超过10千克。每人每次限寄一件，不准一次多件或多次交寄。

2）限值。对于寄往国外的物品，除需遵守限量规定外，还应遵守海关限值的有关规定。

寄往国外的个人物品，每次价值以不超过人民币1000元为限，其中人民币500元以内部分免税，超出500元的部分需征税；中药材、中成药以人民币200元为限。寄往香港、澳门、台湾的个人物品，每次价值以不超过人民币800元为限，其中400元以内部分免税，超出400元的部分需征税；中药材、中成药以人民币100元为限。中成药是指注册商标上有"省（市）卫准字"的中成药，商标上标有"省（市）卫健字"的保健中成药不属本限制范围。

3）外国人、华侨和港澳台同胞寄递的出境物品，如果是外汇购买的，只要不超过合理数量，原则上不受出口限制。

4）如果寄达国（或地区）对某些寄递物品有限量、限值的规定，应按照寄达国（或地区）的规定办理。

附录 B　国际航空组织禁寄物品常用标识

IATA 危险货物等级		标志	说明
1 爆炸物	1.1 溅射类块状爆炸品（硝化甘油、炸药）	EXPLOSIVES 1.1* 1	符号（爆炸的炸弹）：黑色；底色：橙黄色；数字"1"写在底角
	1.2 剧烈冲击、喷射爆炸品	EXPLOSIVES 1.2* 1	符号（爆炸的炸弹）：黑色；底色：橙黄色；数字"1"写在底角
	1.3 次要喷射爆炸品（火箭推进剂、礼花类烟火）	EXPLOSIVES 1.3* 1	符号（爆炸的炸弹）：黑色；底色：橙黄色；数字"1"写在底角
	1.4 主要引火爆炸品（军火、大众烟火）	1.4 EXPLOSIVES * 1	底色：橙黄色；数字：黑色；数字高约为 30 毫米，字体笔画的宽度约 5 毫米（对于 100 毫米×100 毫米的标志）；数字"1"写在底角 ** 属于危险类别的位置——如果属于副危险性则留空 * 属于配装组的位置——如果属于副危险性则留空
	1.5 爆炸药剂及制成品	1.5 BLASTING AGENTS * 1	底色：橙黄色；数字：黑色；数字高约为 30 毫米，字体笔画的宽度约 5 毫米（对于 100 毫米×100 毫米的标志）；数字"1"写在底角 ** 属于危险类别的位置——如果属于副危险性则留空 * 属于配装组的位置——如果属于副危险性则留空
	1.6 钝感爆炸品	1.6 EXPLOSIVES * 1	底色：橙黄色；数字：黑色；数字高约为 30 毫米，字体笔画的宽度约 5 毫米（对于 100 毫米×100 毫米的标志）；数字"1"写在底角 ** 属于危险类别的位置——如果属于副危险性则留空 * 属于配装组的位置——如果属于副危险性则留空
2 气体	2.1 接触性可燃气体（乙炔、氢气）	FLAMMABLE GAS 2	符号（火焰）：黑色或白色；底色：红色；数字"2"写在底角
	2.2 无毒非可燃气体（−100℃以下气体或液化气体，如氮、氖）	NON-FLAMMABLE GAS 2	符号（气瓶）：黑色或白色；底色：绿色；数字"2"写在底角

（续）

	IATA 危险货物等级		标志	说明
2	气体	2.3 致死致伤有毒气体（氟、氯、氰化物）		符号（骷髅和交叉的骨头棒）：黑色；底色：白色；数字"2"写在底角
		2.4 氧化性气体		
		2.5 有吸入危险的气体		
3	可燃液体	3.1 易燃		符号（火焰）：黑色或白色；底色：红色；数字"3"写在底角
		3.2 可燃液体		符号（火焰）：黑色或白色；底色：红色；数字"3"写在底角
		3.3 燃油		符号（火焰）：黑色或白色；底色：红色；数字"3"写在底角

附录 C　国际快件操作常用物品品名中英文对照表

英文名	中文名	英文名	中文名
ADAPTOR	转换器	BULB	灯泡
AIR CONDITIONING	空调机	BUTTON	纽扣
AIR PUMP	气泵	BUZZER	蜂鸣器
ALARM	报警器	CABLE	电缆
ANTENNA	天线	CALCULATOR	计算器
APRON	围裙	CALENDAR	日历
ASHTRAY	烟灰缸	CAMERA	照相机
AXE	斧子	CAN FOOD	罐头食品
BADGE	徽章	CANDLE	蜡烛
BADMINTON	羽毛球	CAP	帽子
BALLOON	气球	CAPACITANCE	电容
BAMBOO BLIND	竹帘	CARPET	地毯
BASEBALL	棒球	CASSETTE	卡式录音带
BASIN	脸盆	CASTING	铸件
BASKET	篮子	CATALOGUE	目录
BASKETBALL	篮球	CERAMIC	陶瓷
BATTERY	电池	CHAIR	椅子
BATTLEDORE	羽毛球拍	CHALK	粉笔
BEARING	轴承	CHARGER	充电器
BEDSHEET	床单	CHINESE BRUSH	毛笔
BEDSPREAD	床罩	CHOPSTICKS	筷子
BELL	铃	CLIP	夹子
BLANKET	毛毯	CLOCK	钟
BOLT	螺栓	CLOTHES	衣服
BOOK	书	CLUTCH	离合器
BOOKLET	小册子	COCK	水龙头
BOOT	靴子	COIL	线圈
BOW	蝴蝶结	COMB	梳子
BOWL	碗	COMMUTATOR	换向器
BRA	乳罩	COMPASS	圆规
BRACELET	手镯	COMPUTER	计算机
BRIEFS	内裤	CONNECTOR	连接器
BROOCH	胸针	CONTROLLER	控制器
BRUSH	刷子	COSMETIC	化妆品
BRUSH DRAWING	毛笔画	COUNTER	计数器
BUCKET	木桶	CUP	杯子

（续）

英文名	中文名	英文名	中文名
CURTAIN	窗帘	HANDKERCHIEF	手帕
DETECTOR	检验器	HANDLE	把手
DINNER SET	餐具	HEATER	加热器
DIODE	二极管	HEEL	鞋后跟
DISK	磁盘	HELMET	头盔
DOLL	公仔	HINGE	合页
DRY CELL	干电池	HOOK	勾
EARPHONE	耳机	IMITATOR JEWELRY	假首饰
EARRING	耳环	INDUCTOR	电感器
ELECTRIC COOKER	电饭锅	JACKET	夹克
ELECTRIC IRON	电熨斗	JEANS	牛仔裤
ELECTRIC SHAVER	电动剃须刀	JUICER	榨汁机
EMBROIDERY	刺绣	KETTLE	壶
FABRIC	布	KEYBOARD	键盘
FAN	风扇	KITCHEN WARE	厨房用具
FAUCET	水龙头	KNIFE	小刀
FISHING ROD	鱼竿	LAMP HEAD	灯头
FLASHLIGHT	手电筒	LAMP HOLDER	灯座
FLOOR LAMP	落地灯	LANTERN	灯笼
FLOWER	花	LAST	鞋楦
FOAM	泡沫	LCD	液晶显示片
FOLDING RULER	折尺	LEATHER	皮革
FOOTBALL	足球	LED	发光二极管
FORK	叉子	LENS	镜头
FURNITURE	家具	LEVEL	水平仪
FUSE	保险丝	LIGHTER	打火机
GAUZE	纱布	LINEN	麻
GEAR	齿轮	LIPSTICK	口红
GLOBE	地球仪	LOCK	锁
GOLF CLUB	高尔夫球杆	MAGNIFIER	放大器
GRANITE	花岗岩	MALLET	木槌
GRILL	烤架	MARBLE	大理石
GRINDER	研磨机	MASSAGER	按摩器
GUITAR	吉他	MAT	席子
HAIR CLIP	发夹	METAL STICK	铁棒
HAIR DECORATION	发饰品	METER	仪表
HAMMER	锤子	MICROPHONE	麦克风
HANDBAG	手袋	MICROSCOPE	显微镜

快递业务操作

（续）

英文名	中文名	英文名	中文名
MICROWAVE OVEN	微波炉	PRINTER	打印机
MIRROR	镜子	PULLEY	滑轮
MIST MAKER	雾化器	PUMP	泵
MOISTURE	保湿机	RADIO	收音机
MONITOR	显示器	RAINCOAT	雨衣
MOP	拖把	RECEIVER	接收器
MOSQUITO NET	蚊帐	RELAY	继电器
MOTOR	马达	RESIN	树脂
MOUSE	鼠标	RESISTANCE	电阻
MUTILATED	剪破	RING	圈
NAIL	铁钉	ROTOR	转子
NAME CARD	名片	RUGBY	橄榄球
NAPKIN	餐巾	RULER	尺子
NECKLACE	项链	SANDAL	凉鞋
NEGATIVE	底片	SANDPAPER	砂纸
NET	网	SAW	锯
NOTEBOOK	笔记本	SAW BLADE	锯片
OVERALLS	工装裤	SCALE	秤
OVERCOAT	男式大衣	SCANNER	扫描仪
PYJAMAS	睡衣	SCARF	围巾
PALETTE	画板	SCISSORS	剪刀
PAPER CUTTER	裁纸器	SCOOTER	滑板车
PCB (NO IC)	空白电路板	SCRAPER	刮刀
PEDAL	脚踏板	SCREWDRIVER	螺丝刀
PEN	钢笔	SCROLL SAW	钢丝锯
PENCIL	铅笔	SELECTOR	选择器
PHOTO ALBUM	相册	SENSOR	感应器
PICTURE	图画	SET SQUARE	三角板
PIGMENT	颜料	SHOE	鞋
PILLOW CASE	枕套	SHOVEL	铲子
PLANE	刨子	SHOWER	花洒
PLAYING CARD	扑克牌	SICKLE	镰刀
PLIER	钳子	SILK	丝
PLUSH	毛绒	SLIPPER	拖鞋
PORCELAIN	陶瓷	SOAP	香皂
POT	锅	SOCK	短袜
PRESSURE COOKER	压力锅	SOCKET	插座
PRESSURE GAUGE	压力计	SOLDERING GUN	焊枪

（续）

英文名	中文名	英文名	中文名
SOLE	鞋底	TRANSCEIVER	对讲机
SPANNER	扳手	TRANSDUCER	传感器
SPARK PLUG	火花塞	TRANSDUCTOR	饱和电抗器
SPEAKER	喇叭	TRANSFORMER	变压器
SPONGE	海绵	TRANSISTOR	三极管
STAPLER	订书机	TRAVEL BAG	旅行袋
STATIONERY	文具	TRAY	盘子
STATUE	雕像	TRIPOD	三脚架
STETHOSCOPE	听诊器	TROUSERS	裤子
STICKER	贴纸	T-SHIRT	T恤
STOCKINGS	长袜	TUBE	真空管
STONE	石头	TYRE	轮胎
STOVE	火炉	UMBRELLA	伞
STRAW ROPE	草绳	VACUUM CLEANER	吸尘器
STROLLER	婴儿车	VACUUM FLASK	保温瓶
SWEATER	毛衣	VALVE	阀门
SWIMSUIT	游泳衣	VAMP	鞋面
SWITCH	开关	VASE	花瓶
TABLECLOTH	桌布	VEST	背心
TAPE MEASURE	卷尺	VOLLEYBALL	排球
TEA SET	茶具	WAISTCOAT	背心
TEAPOT	茶壶	WALL SCREEN	屏风
TELEPHONE	电话	WALLET	钱包
TELESCOPE	望远镜	WASHER	垫圈
TELEVISION	电视机	WATCH	手表
TENNIS	网球	WATER HEATER	热水器
TENT	帐篷	WAX	蜡
TIE	领带	WHEEL	轮子
TIMER	计时器	WIG	假发
TOASTER	烤箱	WIRE	电线
TOOTHBRUSH	牙刷	WOODEN FRAME	木架
TOOTHPASTE	牙膏	WOOL	毛
TOOTHPICK	牙签	WRENCH	扳手
TOWEL	毛巾	X'MAS DECORATION	圣诞饰物
TOY	玩具	ZIPPER	拉链

附录D 部分国家和地区名称中英文对照表

英文名	中文名	英文名	中文名
Djibouti	吉布提	Indonesia	印度尼西亚
Dominica	多米尼克	Iran	伊朗
Dominican Republic	多米尼加共和国	Ireland (Republic of)	爱尔兰
East Timor	东帝汶	Israel	以色列
Ecuador	厄瓜多尔	Italy	意大利
Egypt	埃及	Jamaica	牙买加
El Salvador	圣萨尔瓦多	Japan	日本
Equatorial Guinea	赤道几内亚	Jersey	泽西岛
Eritrea	厄立特里亚	Jordan	约旦
Estonia	爱沙尼亚	Kazakhstan	哈萨克斯坦
Ethiopia	埃塞俄比亚	Kenya	肯尼亚
Falkland Islands	福克兰群岛	Kiribati	基里巴提
Faroe Islands	法鲁岛	Korea (RePublic of)	韩国
Fiji	斐济	Korea (the D.P.R.of)	朝鲜共和国
Finland	芬兰	Kuwait	科威特
France	法国	Kyrgyzstan	吉尔吉斯斯坦
French Guiana	法属圭亚那	Laos	老挝
Gabon	加蓬	Samoa	萨摩亚
Gambia	冈比亚	Sao Tome & Principe	圣多美和普林西比
Georgia	格鲁吉亚	Saudi Arabia	沙特阿拉伯
Germany	德国	Senegal	塞内加尔
Ghana	加纳	Seychelles	塞舌尔
Gibraltar	直布罗陀	Sierra Leone	塞拉利昂
Greece	希腊	Singapore	新加坡
Greenland	格陵兰岛	Slovakia	斯洛伐克
Grenada	格林纳达	Slovenia	斯洛文尼亚
Guadeloupe	瓜得罗普	Solomon Islands	所罗门群岛
Guam	关岛	Somalia	索马里
Guatemala	危地马拉	South Africa	南非
Guinea Bissau	几内亚比绍	Spain	西班牙
Guinea Republic	几内亚共和国	Sri Lanka	斯里兰卡
Guyana	圭亚那	St.Barthelemy	圣巴夫林米
Haiti	海地	St.Eustatius	圣尤斯达求斯
Honduras	洪都拉斯	St.Kitts	圣基茨
Hong Kong（China）	中国香港	St.Lucia	圣卢西亚
Hungary	匈牙利	St.Martin	圣马丁岛
Iceland	冰岛	St.Vincent & the Grenadines	圣文森特和格林纳丁斯
India	印度	Sudan	苏丹

（续）

英文名	中文名	英文名	中文名
Suriname	苏里南	Tuvalu	图瓦卢
Swaziland	斯威士兰	Uganda	乌干达
Sweden	瑞典	Ukraine	乌克兰
Switzerland	瑞士	United Arab Emirates	阿拉伯联合酋长国
Syria	叙利亚	United Kingdom	英国
Tahiti	塔希提	United States	美国
Taiwan（China）	中国台湾	Uruguay	乌拉圭
Tajikistan	塔吉克斯坦	Uzbekistan	乌兹别克斯坦
Tanzania	坦桑尼亚	Vanuatu	瓦努阿图
Thailand	泰国	Venezuela	委内瑞拉
Togo	多哥	Vietnam	越南
Tonga	汤加	Virgin Islands (British)	英属维尔京群岛
Trinidad & Tobago	特立尼达和多巴哥	Virgin Islands (US)	美属维尔京群岛
Tunisia	突尼斯	Yemen	也门共和国
Turkey	土耳其	Yugoslavia	南斯拉夫
Turkmenistan	土库曼斯坦	Zambia	赞比亚
Turks & Caicos Islands	特克斯和凯克斯群岛	Zimbabwe	津巴布韦

附录E 主要国家二字代码表

国家名称	二字代码	国家名称	二字代码
阿根廷	AR	墨西哥	MX
阿联酋	AE	南非	ZA
阿曼	OM	挪威	NO
埃及	EG	葡萄牙	PT
澳大利亚	AU	日本	JP
巴基斯坦	PK	瑞典	SE
巴西	BR	瑞士	CH
比利时	BE	沙特阿拉伯	SA
丹麦	DK	斯里兰卡	LK
德国	DE	苏丹	SD
俄罗斯	RU	泰国	TH
法国	FR	土耳其	TR
菲律宾	PH	西班牙	ES
斐济	FJ	希腊	GR
芬兰	FI	新加坡	SG
古巴	CU	新西兰	NZ
韩国	KR	叙利亚	SY
荷兰	NL	以色列	IL
加拿大	CA	意大利	IT
卡塔尔	QA	印度	IN
科威特	KW	印度尼西亚	ID
黎巴嫩	LB	英国	GB
马来西亚	MY	约旦	JO
美国	US	智利	CL
秘鲁	PE	中国	CN

附录 F 国际主要机场三字代码

三字代码	所在城市	所在国家	三字代码	所在城市	所在国家
AKL	奥克兰	新西兰	CMB	科伦坡	斯里兰卡
AMM	阿曼	约旦	CPH	哥本哈根	丹麦
ANC	安克雷奇	美国	CPT	开普敦	南非
ANK	安卡拉	土耳其	DAM	大马士革	叙利亚
APW	阿皮亚	西萨摩亚	DEL	新德里	印度
ARN	斯德哥尔摩	瑞典	DEN	丹佛	美国
ASM	阿斯马拉	厄立特里亚	DFW	达拉斯	美国
ASU	亚松森	巴拉圭	DHA	达兰	沙特阿拉伯
ATH	雅典	希腊	DKR	达喀尔	塞内加尔
AUH	阿布扎比	阿联酋	DLA	杜阿拉	喀麦隆
AWK	威克岛	美国	DOH	多哈	卡塔尔
BAH	麦纳麦	巴林	DRW	达尔文	澳大利亚
BCN	巴塞罗那	西班牙	DTT	底特律	美国
BER	柏林	德国	DXB	迪拜	阿联酋
BEY	贝鲁特	黎巴嫩	FLR	佛罗伦萨	意大利
BGO	卑尔根	挪威	FRA	法兰克福	德国
BHX	伯明翰	英国	GVA	日内瓦	瑞士
BIO	毕尔巴鄂	西班牙	HEL	赫尔辛基	芬兰
BKK	曼谷	泰国	HOU	休斯敦	美国
BOD	梅里尼亚克	法国	ICN	仁川	韩国
BOM	孟买	印度	ISB	伊斯兰堡	巴基斯坦
BOS	波士顿	美国	IST	伊斯坦布尔	土耳其
BRN	伯尔尼	瑞士	JKT	雅加达	印度尼西亚
BRU	布鲁塞尔	比利时	JNB	约翰内斯堡	南非
BSB	巴西利亚	巴西	KUL	吉隆坡	马来西亚
BSL	巴塞尔	瑞士	KWI	科威特	科威特
BUD	布达佩斯	匈牙利	LAX	洛杉矶	美国
CAI	开罗	埃及	LIS	里斯本	葡萄牙
CBR	堪培拉	澳大利亚	LON	伦敦	英国
CCS	加拉加斯	委内瑞拉	LYS	里昂	法国
CCU	加尔各答	印度	MEL	墨尔本	澳大利亚
CGN	科隆	德国	MIA	迈阿密	美国
CHC	克赖斯特彻奇	新西兰	MIL	米兰	意大利
CHI	芝加哥	美国	MKE	密尔沃基	美国
CKY	科纳克里	几内亚	MLW	蒙罗维亚	利比里亚

快递业务操作

(续)

三字代码	所在城市	所在国家	三字代码	所在城市	所在国家
MMA	马尔默	瑞典	RBA	拉巴特	摩洛哥
MNL	马尼拉	菲律宾	REK	雷克雅未克	冰岛
MOW	莫斯科	俄罗斯	RGN	仰光	缅甸
MPM	马普托	莫桑比克	RIO	里约热内卢	巴西
MRS	马赛	法国	ROM	罗马	意大利
MSP	明尼阿波利斯	美国	RTM	鹿特丹	荷兰
MUC	慕尼黑	德国	SAH	萨那	也门
MVD	蒙德维的亚	乌拉圭	SAO	圣保罗	巴西
MXP	米兰	意大利	SBY	索尔兹伯里	美国
NAN	纳迪	斐济	SCL	圣地亚哥	智利
NAP	那不勒斯	意大利	SEA	西雅图	美国
NBO	内罗毕	肯尼亚	SEL	首尔	韩国
NCE	尼斯	法国	SFO	旧金山	美国
NCL	纽卡斯尔	英国	SIN	新加坡	新加坡
NTE	南特	法国	SUV	苏瓦	斐济
NUE	纽伦堡	德国	SYD	悉尼	澳大利亚
NYC	纽约	美国	SZG	萨尔斯堡	奥地利
OSA	大阪	日本	VCE	威尼斯	意大利
OSL	奥斯陆	挪威	VIE	维也纳	奥地利
PAR	巴黎	法国	WAS	华盛顿	美国
PEI	佩雷拉	哥伦比亚	YHZ	哈利法克斯	加拿大
PER	珀斯	澳大利亚	YOW	渥太华	加拿大
PFN	巴拿马城	美国	YUL	蒙特利尔	加拿大
PHL	费城	美国	YVR	温哥华	加拿大
PRG	布拉格	捷克	YWG	温尼伯格	加拿大
PUS	釜山	韩国	ZRH	苏黎世	瑞士

附录 G 主要航空公司标志代码一览表

航空公司标志	代 码	名 称
Emirates	EK	阿联酋航空
ETIHAD AIRWAYS	EY	阿联酋联合航空
EGYPTAIR	MS	埃及航空
QANTAS	QF	澳洲航空
VARIG Brasil	RG	巴西航空
SAS Scandinavian Airlines	SK	北欧航空
(大韩航空标志)	KE	大韩航空
AIR·BERLIN	AB	德国柏林航空
Lufthansa There's no better way to fly.	LH	德国汉莎航空
AEROFLOT Russian Airlines	SU	俄罗斯航空
AIR FRANCE KLM	法国航空 AF 荷兰皇家航空 KL	法荷航空

（续）

航空公司标志	代　码	名　　称
Philippine Airlines	PR	菲律宾航空
FINNAIR	AY	芬兰航空
AIR CANADA	AC	加拿大航空
QATAR AIRWAYS القطرية	QR	卡塔尔航空
KUWAIT AIRWAYS	KU	科威特航空
malaysia	MH	马来西亚航空
DELTA	DL	美国达美航空
American Airlines	AA	美国航空公司
UNITED	UA	美国联合航空
AeroMexico	AM	墨西哥航空
SOUTH AFRICAN AIRWAYS	SA	南非航空
JAL JAPAN AIRLINES	JL	日本航空

（续）

航空公司标志	代码	名称
ANA	NH	日本全日空
swiss	SR	瑞士航空
TURKISH AIRLINES	TK	土耳其航空
IBERIA	IB	西班牙伊比利亚航空
SINGAPORE AIRLINES	SQ	新加坡航空
Jet★	3K	新加坡捷星亚洲航空
EL AL 以色列航空公司	LY	以色列航空
Alitalia	AZ	意大利航空
AIR INDIA	AI	印度航空
british midland bmi	BD	英国大陆航空
BRITISH AIRWAYS	BA	英国航空

参 考 文 献

[1] 国家邮政局职业技能鉴定指导中心. 快递收派员（初级）快件收派 [M]. 北京：人民交通出版社，2009.

[2] 国家邮政局职业技能鉴定指导中心. 快递收派员（中级）快件处理 [M]. 北京：人民交通出版社，2009.

[3] 李力谋，乔桑. 快递实务 [M]. 北京：中国商务出版社，2005.